# Curso
# MAD360

*La diferencia entre aprobar*
*y sacar plaza*

AF212159

# Cuidador/a

## COMUNIDAD FORAL DE NAVARRA

Si aún no dispones de tu **Curso MAD360**, te ofrecemos un acceso GRATIS de 30 días para que disfrutes de los siguientes recursos:

- Técnicas de Memoria 360.
- MADTEST: Test *online* Nivel PRO.
- Temario en formato digital.
- Planificación de estudio.
- Foro entre opositores hasta la fecha del examen.*
- Recursos y novedades exclusivas.
- Consúltanos sobre tu oposición y proceso selectivo.
- Actualizaciones legislativas (Boletines Oficiales) hasta 60 días antes de la fecha del examen.*

Para acceder a esta prueba del Curso MAD360** será necesaria la compra de todos los libros para esta especialidad de la edición 2025.

Regístrate en **mad.es/iniciar-sesion** y en la pestaña BIBLIOTECA valida los códigos que encuentras en la última página de tus libros.

---

**NOTA IMPORTANTE:**

* Examen de esta categoría profesional correspondiente a la convocatoria publicada en el BON núm. 73, de 11 de abril de 2025, o hasta el 30 de junio de 2026, lo que se cumpla antes, y previa renovación del servicio.

** El acceso al CURSO MAD360 estará disponible desde junio de 2025 (algunos recursos podrían estar disponibles en fecha posterior). Tendrá una duración de 30 días RENOVABLES mediante pago, desde la validación de códigos, o hasta el 31 de diciembre de 2026, lo que se cumpla antes.

MAD se reserva el derecho a ampliar dichas fechas.

# Cuidador/a de la Administración de la Comunidad Foral de Navarra

Mayo, 2025

# Cuidador/a de la Administración de la Comunidad Foral de Navarra

**Test del Temario**

# Autores

**ÁLVAR MUÑOZ LABIANO**
Licenciado en Derecho

**JOSÉ ANTONIO GUERRERO ARROYO**
Cuerpo Superior de Letrados

**FRANCISCO JESÚS TORRES FONSECA**
Licenciado en Derecho

**PATRICIA PÉREZ SÁNCHEZ-ROMATE**
Licenciada en Derecho

**ROCÍO CLAVIJO GAMERO**
Licenciada en Psicología

**JOSÉ LUIS GARRIDO VELA**
Licenciado en Derecho

© 7 Editores Recursos para la Cualificación Profesional y el Empleo, S.L. (7 Editores)
© Los autores
Primera edición, mayo 2025 (318 páginas)
Derechos de edición reservados a favor de 7 Editores
IMPRESO EN ESPAÑA
Diseño Portada: 7 Editores
Edita: 7 Editores
Avda. San Francisco Javier, 9 · Edificio Sevilla 2 · Planta 11 · Módulos 25-27 · 41018 Sevilla
Teléfono: 954 784 411 · WEB: www.mad.es · e-mail: administracion@7editores.com
ISBN: 978-84-142-9526-7
© "Editorial Mad" y "Eduforma" son nombres comerciales registrados de
7 Editores Recursos para la Cualificación Profesional y el Empleo, S.L.

# Índice

## PARTE ESPECÍFICA

# PARTE GENERAL

# TEST N.º 1

**La Constitución Española de 1978: Principios generales. Derechos y deberes fundamentales. La Corona. Las Cortes Generales: composición y funciones. El Gobierno y la Administración del Estado. El Poder Judicial. El Tribunal Constitucional: composición, naturaleza y competencias**

**1. ¿En qué se fundamenta la Constitución Española?**

a) En un Estado social y democrático de Derecho.
b) En la indisoluble unidad de la Nación española.
c) En la independencia de los poderes del Estado.
d) En la organización territorial del Estado.

**2. Según el artículo 3 de la CE, el castellano es la lengua oficial del Estado y todos los Españoles:**

a) Tienen el deber de usar y el derecho de conocer el castellano.
b) Tienen el derecho y el deber de conocer el castellano.
c) Tienen el deber de conocer y el derecho de usar el castellano.
d) Tienen el derecho de conocer y usar el castellano.

**3. La Constitución Española reconoce y garantiza el derecho a la autonomía:**

a) De las nacionalidades que la integran.
b) De las regiones que la integran.
c) De las Comunidades Autónomas que la integran.
d) De las nacionalidades y regiones que la integran.

**4. El Preámbulo de la Constitución:**

a) Tiene en sí carácter de norma jurídica.
b) Es una declaración de intenciones, destinada a interpretar lo que se quiere alcanzar con el contenido normativo de la Constitución.

c) Se trata de un texto sin fuerza jurídica de obligar.
d) Las respuestas b) y c) son correctas.

**5. Señala la afirmación correcta, respecto de la aprobación, ratificación y publicación de la Constitución Española:**

a) Aprobada por las Cortes el 31 de octubre de 1978, ratificada por el pueblo en referéndum el 6 de diciembre de 1978 y publicada el 29 de diciembre de 1978.
b) Aprobada por las Cortes el 30 de octubre de 1978, ratificada por el pueblo en referéndum el 16 de diciembre de 1978 y publicada el 27 de diciembre de 1978.
c) Aprobada por las Cortes el 31 de octubre de 1978, ratificada por el pueblo en referéndum el 16 de diciembre de 1978 y publicada el 29 de diciembre de 1978.
d) Aprobada por las Cortes el 10 de octubre de 1978, ratificada por el pueblo en referéndum el 26 de diciembre de 1978 y publicada el 30 de diciembre de 1978.

**6. ¿En qué parte de la Carta Magna se establece la exposición de motivos que impulsan la norma constitucional y los objetivos que con ella se pretenden alcanzar?**

a) En el Título preliminar.
b) En el Preámbulo.
c) En el Título I.
d) En el Título II.

**7. La Constitución Española fue sancionada por:**

a) El Rey.
b) El Presidente del Congreso.
c) Las Cortes Generales.
d) El Presidente del Gobierno.

**8. ¿Cuáles de los siguientes españoles de origen pueden ser privados de su nacionalidad?**

a) Exclusivamente los miembros de grupos terroristas.
b) Los miembros de grupos terroristas y los que atenten contra el Rey u otro miembro de la Casa Real.
c) Los que atenten contra un miembro de la Familia Real o del Gobierno de la Nación.
d) Ningún español de origen podrá ser privado de su nacionalidad.

**9. Según la CE son fundamentos del orden político y la paz social:**

a) La dignidad de la persona, los derechos violables que les son inherentes y el respeto a la ley.
b) La dignidad de la persona, el desarrollo limitado de la personalidad y el respeto a la ley.

c) El respeto a la ley, a los reglamentos administrativos y demás disposiciones legales.

d) La dignidad de la persona, los derechos inviolables que le son inherentes, el libre desarrollo de su personalidad, el respeto a la ley y a los derechos de los demás.

**10. ¿Cuál de los siguientes es considerado por la CE como uno de los valores superiores del ordenamiento jurídico?**

a) La jerarquía normativa.
b) El pluralismo político.
c) La publicidad normativa.
d) La equidad.

**11. La forma política del Estado español es:**

a) Democracia parlamentaria.
b) Gobierno parlamentario.
c) Monarquía parlamentaria.
d) República democrática.

**12. La parte de la CE que regula la estructura de los principales órganos del Estado recibe el nombre de:**

a) Parte dogmática.
b) Parte orgánica.
c) Parte estatal.
d) Parte estructural.

**13. Según la CE, la soberanía nacional:**

a) Corresponde a las Cortes Generales, al estar compuestas por los representantes del pueblo.
b) Corresponde al Rey.
c) Reside en el pueblo español.
d) Corresponde al Gobierno de la Nación elegido directamente por el pueblo.

**14. El derecho a la propiedad en nuestra Constitución es un Derecho:**

a) Inherente a la condición humana.
b) Absoluto.
c) Limitado por la función social de la misma.
d) Ninguna de las respuestas anteriores es correcta.

**15. ¿En qué parte de la Carta Magna se señalan los valores superiores del ordenamiento jurídico?**

a) En el Preámbulo.
b) En el Título Preliminar.

c) En el Título I.

d) Ninguna respuesta es correcta.

**16. ¿Cuál de las siguientes es una de las características de nuestra Constitución de 1978?**

a) Consensuada.

b) Corta.

c) Conservadora.

d) Originalidad.

**17. Son el fundamento del orden político y de la paz social:**

a) El libre desarrollo de la personalidad.

b) Los derechos inviolables que les son inherentes.

c) El respeto a la ley y a los derechos de los demás.

d) Todas las respuestas son correctas.

**18. Señala la respuesta incorrecta respecto al Tribunal Constitucional:**

a) Se organiza a través de las figuras del Presidente, el Pleno, las Salas y las Secciones.

b) El Presidente, será nombrado entre sus miembros por el Rey, a propuesta del mismo Tribunal en Pleno y por un período de tres años.

c) El Pleno lo preside el Presidente del Tribunal y, en su defecto, el Vicepresidente y, a falta de ambos, el Magistrado de mayor edad.

d) La distribución de asuntos entre las Salas del Tribunal se efectuará según un turno establecido por el Pleno a propuesta de su Presidente.

**19. Para la adopción de los acuerdos de las Secciones, se requerirá:**

a) La presencia siempre de sus tres miembros.

b) La presencia de dos miembros, salvo que haya discrepancia, requiriéndose entonces la de sus tres miembros.

c) La presencia de tres miembros, salvo que haya discrepancia, requiriéndose entonces la de sus cinco miembros.

d) La presencia siempre de sus cinco miembros.

**20. Señala la respuesta incorrecta respecto a las sentencias del Tribunal Constitucional:**

a) Las sentencias y resoluciones del Tribunal Constitucional tendrán la consideración de títulos declarativos.

b) Todos los poderes públicos están obligados al cumplimiento de lo que el Tribunal Constitucional resuelva.

c) Las sentencias del Tribunal Constitucional se publicarán en el Boletín Oficial del Estado con los votos particulares, si los hubiere.

d) Salvo que en el fallo se disponga otra cosa, subsistirá la vigencia de la ley en la parte no afectada por la inconstitucionalidad.

**21. ¿Quién nombra a los miembros del Tribunal Constitucional?**

a) El Rey.
b) El Presidente del Gobierno.
c) Las Cortes Generales.
d) El Presidente del Tribunal Constitucional.

**22. ¿Cuántos de los miembros del Tribunal Constitucional son propuestos por el Consejo General del Poder Judicial?**

a) Cuatro.
b) Tres.
c) Dos.
d) Ninguno.

**23. Los miembros del Tribunal Constitucional deberán ser nombrados entre Magistrados y Fiscales, Profesores de Universidad, Funcionarios Públicos y Abogados, todos ellos Juristas de reconocida competencia:**

a) Con más de veinte años de ejercicio profesional.
b) Con más de quince años de ejercicio profesional.
c) Con más de doce años de ejercicio profesional.
d) Con más de diez años de ejercicio profesional.

**24. Dispone la Carta Magna que todos contribuirán al sostenimiento de los gastos públicos de acuerdo con su capacidad económica mediante un sistema tributario justo inspirado en los principios de:**

a) Legalidad y equidad.
b) Igualdad y progresividad.
c) Publicidad y legalidad.
d) Eficacia y sostenibilidad.

**25. Las primeras elecciones democráticas celebradas en España tras la muerte de Franco tuvieron lugar en:**

a) 1975.
b) 1976.
c) 1977.
d) 1978.

**26. El referéndum en el que se aprobó popularmente la Constitución se llevó a efecto el:**

a) 27 de diciembre de 1978.
b) 6 de diciembre de 1978.
c) 31 de octubre de 1978.
d) 29 de diciembre de 1979.

**27. La ponencia encargada de redactar el borrador de la Constitución se constituyó en el:**

a) Senado.
b) Senado y Congreso de los Diputados.
c) Congreso de los Diputados.
d) Gobierno de la Nación.

**28. Si un poder público, en su actuación, infringe lo dispuesto en el Preámbulo de la Constitución:**

a) Incurre en nulidad.
b) Incurre en inconstitucionalidad.
c) No pasa nada salvo que, como consecuencia de esa actuación, se infrinja un artículo de la propia Constitución.
d) Nada de lo anterior es cierto.

**29. El principio en virtud del cual el ciudadano está amparado por una legislación no sujeta a continuos vaivenes es el de:**

a) Legalidad.
b) Publicidad normativa.
c) Seguridad jurídica.
d) Jerarquía normativa.

**30. El principio en virtud del cual un Reglamento no puede contradecir una ley es el de:**

a) Legalidad.
b) Jerarquía normativa.
c) Las respuestas a) y b) son correctas.
d) Seguridad jurídica.

**31. Según la Constitución, una norma que imponga una nueva pena más leve para un delito:**

a) No se aplica retroactivamente.
b) Puede aplicarse retroactivamente.

c) Ha de ser reglamentaria.

d) Atenta contra el principio de legalidad penal si se aplica retroactivamente.

### 32. Todos los españoles, respecto al castellano, tienen el:

a) Derecho-deber de conocerlo.

b) Derecho de usar y deber de conocerlo.

c) Derecho-deber de usarlo.

d) Nada de lo anterior.

### 33. La capital del Estado en España es:

a) La propia de cada Comunidad Autónoma.

b) La villa de Madrid.

c) Aquella donde se establezca en cada momento el Gobierno de la Nación.

d) Aquella en la que resida generalmente el Rey.

### 34. El Título de la Constitución que trata de la reforma constitucional es el:

a) Primero.

b) Décimo.

c) Noveno.

d) Undécimo.

### 35. El Defensor del Pueblo se regula en el siguiente Título y Capítulo de la Constitución, respectivamente:

a) Preliminar y 1.º

b) Segundo y 4.º

c) Segundo y 3.º

d) Primero y 4.º

### 36. El Título de la Carta Magna que trata del Gobierno y la Administración es el:

a) Tercero.

b) Cuarto.

c) Quinto.

d) Sexto.

### 37. Los principios rectores de la política social y económica se regulan en el siguiente Capítulo y Título de la Constitución:

a) Segundo del Primero.

b) Tercero del Primero.

c) Tercero del Preliminar.

d) Primero del Séptimo.

**38. La derogación de una norma posconstitucional que vaya en contra de la Constitución se efectúa por el/la/las:**

a) Propia Constitución.
b) Tribunal Constitucional.
c) Cortes Generales.
d) Gobierno de la Nación.

**39. El pluralismo político, para nuestra Constitución, es un/una:**

a) Principio General del ordenamiento político.
b) Valor superior del ordenamiento jurídico.
c) Principio rector de la política social y económica.
d) Derecho fundamental.

**40. La forma política del Estado español es:**

a) Unitaria y regionalizada.
b) Federal.
c) La Monarquía Parlamentaria.
d) La propia de un Estado Social y Democrático.

**41. La justicia, según nuestra Constitución, es un/una:**

a) Principio de nuestro ordenamiento jurídico.
b) Valor superior del anterior.
c) Manifestación del Estado democrático.
d) Todo lo anterior.

**42. Un español de origen puede perder esta nacionalidad:**

a) Por sanción administrativa.
b) Cuando libremente renuncie a la misma.
c) Por condena penal.
d) En ningún caso.

**43. Constituye el fundamento del orden público y de la paz social, según la Constitución, el/la/los:**

a) Derechos inviolables inherentes a la persona.
b) Estado social y democrático de Derecho.
c) Seguridad jurídica.
d) Justicia.

**44. Las Comunidades Autónomas deben usar o instalar la bandera española:**

a) En sus edificios.
b) En los actos oficiales.
c) Cuando lo solicite el Delegado del Gobierno de la Nación en las mismas.
d) Cuando lo estimen oportuno.

**45. Deben tener una estructura interna y un funcionamiento democrático los/las:**

a) Partidos Políticos.
b) Colegios Profesionales.
c) Organizaciones Profesionales.
d) Todos ellos.

**46. La defensa de la integridad territorial de España se atribuye por la Constitución a/al/a las:**

a) Fuerzas y Cuerpos de Seguridad.
b) Fuerzas Armadas.
c) Gobierno de la Nación.
d) Todas las anteriores.

**47. El Título de la Constitución que trata de las relaciones entre el Gobierno y las Cortes Generales es el:**

a) Cuarto.
b) Quinto.
c) Sexto.
d) Tercero.

**48. La Constitución entró en vigor:**

a) Al día siguiente de su publicación en el Boletín Oficial del Estado.
b) El 27 de diciembre de 1978.
c) El 29 de diciembre de 1978.
d) Al ser aprobada en la sesión conjunta por el Congreso de los Diputados y el Senado.

**49. Según la Constitución, el Estado es:**

a) Apolítico.
b) Aconfesional.
c) De bienestar social.
d) Federal.

**50. El derecho a la vida se consagra en el siguiente artículo de la Constitución:**

a) 10.
b) 16.
c) 15.
d) 24.

**51. La pena de muerte en España:**

a) Ha quedado abolida.
b) Puede aplicarse en cualquier momento.
c) Solo se aplicará, en tiempo de guerra, a los militares.
d) Rige solo en el ámbito civil.

**52. La inmediata puesta a disposición judicial derivada del habeas corpus, se produce por:**

a) Detención ilegal.
b) Prisión ilegal.
c) Prisión preventiva.
d) Detención preventiva.

**53. El proceso en el que se enjuicie a un presunto delincuente debe:**

a) Ser sumario.
b) No dilatarse.
c) Entorpecer los instrumentos probatorios.
d) Nada de lo anterior es cierto.

**54. La entrada en un domicilio en caso de flagrante delito, sin autorización de su titular:**

a) Puede dar lugar a la aplicación del habeas corpus.
b) Requiere autorización previa de la autoridad judicial.
c) Puede efectuarse en todo momento.
d) No puede realizarse en momento alguno.

**55. Cuando, al conocerse la comisión de un delito por una persona, se acude a su domicilio para detenerla:**

a) Está obligada a franquear la entrada.
b) Se necesitará autorización judicial para entrar, si no da su consentimiento para ello.
c) Pese a que no dé su consentimiento, se puede entrar.
d) Nada de lo anterior es correcto.

**56. La autorización previa para celebrar una manifestación pública:**

a) La da el Subdelegado del Gobierno en la Provincia.
b) Es ineludible.
c) Sería inconstitucional.
d) Se da cuando no se prevean alteraciones al orden público, con peligro para personas o bienes.

**57. El tipo de sufragio que consagra la Constitución es el:**

a) Proporcional.
b) Universal.
c) Censitario.
d) Las respuestas a) y b) son correctas.

**58. Además de la no autoinculpación, la Constitución prevé que no se está obligado a declarar sobre un hecho presuntamente delictivo en caso de:**

a) Parentesco y afinidad.
b) Cláusula de conciencia.
c) Secreto profesional.
d) Las respuestas a) y b) son correctas.

**59. Los Tribunales de Honor están prohibidos respecto de los/la/las:**

a) Sindicatos y Organizaciones Profesionales.
b) Administración Civil y Militar.
c) Organizaciones Profesionales y la Administración Civil.
d) Todas las respuestas anteriores son correctas.

**60. El secreto profesional, constitucionalmente, sirve para:**

a) Ejercer con libertad una profesión titulada.
b) La libertad de creación científica y técnica.
c) No declarar sobre hechos presuntamente delictivos.
d) Todo lo anterior.

**61. La fundación de una Internacional Sindical por un sindicato español:**

a) Es libre.
b) Está prohibida.
c) Debe plasmarse en un Tratado Internacional.
d) Nada de lo anterior es cierto.

**62. El ejercicio del derecho de petición a través de una manifestación ciudadana:**

a) No se admite.
b) Se admite en algún caso.
c) Se admite, salvo para los militares.
d) Ni se admite ni se prohíbe.

**63. Nuestro sistema tributario ha de ser:**

a) Regresivo e igualitario.
b) Progresivo y generalizado.
c) Confiscatorio.
d) Justo y regresivo.

**64. ¿Cuántas salas tiene el Tribunal Constitucional y de cuántos Magistrados se componen cada una de ellas?**

a) Las Salas son tres, compuestas cada una por cuatro Magistrados.
b) Las Salas son dos, compuestas cada una por seis Magistrados.
c) Las Salas son tres, compuestas cada una por seis Magistrados.
d) Las Salas son dos, compuestas cada una por cuatro Magistrados.

**65. Las Fundaciones son:**

a) Entidades constituidas para fines de interés general.
b) Administración Corporativa.
c) Entidades privadas con fines de carácter también privado.
d) Asociaciones de personas para conseguir fines de interés general.

**66. La asistencia de todo orden a los hijos habidos extraconyugalmente:**

a) No está prevista en la Constitución.
b) Es un deber de los padres.
c) Se dispensará por Instituciones de Beneficencia.
d) Se dispensa solo a los que de ellos tengan discapacidad.

**67. La especulación urbanística, según la Constitución:**

a) Debe evitarse.
b) Está permitida.
c) Genera plusvalías para la colectividad.
d) Pueden hacerla los poderes públicos.

**68. No es susceptible de recurso de amparo el derecho a la/de:**

a) Sindicación.
b) Investigación científica.
c) Secreto de las comunicaciones.
d) Lo son todos ellos.

**69. Tampoco lo es el derecho de:**

a) Libertad de cátedra.
b) Negociación colectiva.
c) Manifestación.
d) Huelga.

**70. Y sí lo está el derecho de/a la:**

a) Libre sindicación.
b) Petición.
c) Cláusula de conciencia.
d) Lo están todos ellos.

**71. Una vez declarado el estado de excepción no se puede suspender el derecho/ libertad de:**

a) Huelga.
b) Enseñanza.
c) Adopción de medidas de conflicto colectivo.
d) Libertad de circulación.

**72. Durante el estado de excepción, un detenido conserva el derecho de/a:**

a) Setenta y dos horas para ser puesto a disposición judicial.
b) Secreto de comunicaciones.
c) Asistencia de Letrado.
d) Ninguno de ellos.

**73. Se puede suspender, con motivo de investigaciones relativas a bandas armadas, el derecho de:**

a) Huelga.
b) Inviolabilidad del domicilio.
c) Libertad de circulación.
d) Las respuestas b) y c) son correctas.

**74. ¿En qué fecha aprobaron las Cortes Generales la Constitución Española?**

a) El 31 de octubre de 1978.
b) El 6 de diciembre de 1978.
c) El 27 de diciembre de 1978.
d) El 29 de diciembre de 1978.

**75. ¿Cuál de las siguientes no es una característica de la Carta Magna?**

a) Su rigidez.
b) El establecimiento, como forma política del Estado, de la monarquía hereditaria.
c) Su codificación en un solo texto.
d) Su extensión.

**76. ¿De cuántos artículos consta la Constitución Española de 1978?**

a) De 154.
b) De 163.
c) De 169.
d) De 171.

**77. ¿Cuál de los siguientes no es uno de los valores superiores de nuestro ordenamiento jurídico?**

a) El pluralismo político.
b) La solidaridad.
c) La libertad.
d) La igualdad.

**78. A tenor del artículo 11 de la Constitución, los españoles de origen podrán ser privados de su nacionalidad:**

a) Cuando así lo determinen las leyes.
b) Cuando entren al servicio de las armas de un país extranjero.
c) Cuando así lo apruebe el Consejo de Ministros.
d) En ningún caso un español de origen podrá ser privado de su nacionalidad.

**79. Las Cortes Generales, ¿en qué Título de nuestra Constitución se recogen?**

a) En el Título II.
b) En el Título III.
c) En el Título IV.
d) En el Título VI.

**80. Según la Disposición Final de nuestra Constitución, esta entrará en vigor:**

a) Al día siguiente de su publicación en el Boletín Oficial del Estado.
b) A los veinte días de la publicación de su texto oficial en el Boletín Oficial del Estado.
c) El mismo día de la publicación de su texto oficial en el Boletín Oficial del Estado.
d) Al año de la publicación de su texto oficial en el Boletín Oficial del Estado.

**81. Nuestra Constitución trata de los derechos y deberes fundamentales de los españoles en su Título I, denominado:**

a) De los derechos y deberes fundamentales.
b) De los deberes de los españoles.
c) De los derechos de los españoles.
d) De los derechos y deberes principales de los españoles.

**82. ¿En qué artículos de nuestra CE se recogen los derechos fundamentales y de las libertades públicas?**

a) En los artículos 10 a 43.
b) En los artículos 25 a 38.
c) En los artículos 31 a 45.
d) En los artículos 15 a 29.

**83. ¿Qué órgano es el intérprete supremo de la Constitución, es independiente de los demás órganos constitucionales y está sometido solo a la Constitución y a su Ley Orgánica?**

a) El Tribunal Supremo.
b) El Consejo de Estado.
c) El Tribunal Constitucional.
d) El Consejo General del Poder Judicial.

**84. ¿Por cuántos años es nombrado el Presidente de Tribunal Constitucional?**

a) Por tres.
b) Por cuatro.
c) Por cinco.
d) Por seis.

**85. Según la Constitución Española, arbitra y modera el funcionamiento regular de las instituciones:**

a) El Presidente del Gobierno.
b) El Rey.
c) El Estado.
d) Los tribunales de Justicia.

**86. Las abdicaciones y renuncias se resolverán:**

a) Por ley.
b) Por decreto ley.
c) Por decisión de las Cortes Generales.
d) Por ley orgánica.

**87. Si no hubiese a quien corresponda la Regencia, esta será nombrada por:**

a) Las Cortes Generales.
b) El Congreso de los Diputados.
c) El Senado.
d) El Gobierno.

**88. No necesita de refrendo:**

a) Declarar la guerra y hacer la paz.
b) Expedir los decretos acordados en Consejo de Ministros.
c) Nombrar y relevar a los miembros civiles y militares de la Casa Real.
d) Todos los actos del Rey necesitan refrendo.

**89. ¿A quién corresponde manifestar el consentimiento del Estado para obligarse por medio de tratados?**

a) Al Rey.
b) Al Gobierno.
c) Al Estado.
d) Al Presidente del Gobierno.

**90. Si el príncipe heredero contrae matrimonio contra la expresa prohibición de las Cortes Generales:**

a) No podrá casarse.
b) Podrá casarse, pero no podrá vivir en el palacio real.
c) Deberá antes de pedir autorización a las Cortes para poder contraerlo.
d) Será excluido en la sucesión de la corona.

**91. Según el art. 59.5 de la Carta Magna, la Regencia se ejercerá:**

a) Por mandato constitucional y en nombre del pueblo español.
b) Por mandato constitucional y en nombre de las Cortes Generales.
c) Por mandato constitucional y en nombre de la soberanía popular.
d) Por mandato constitucional y en nombre del Rey.

**92. Las Cámaras se reúnen en sesiones:**

a) Ordinarias y extraordinarias.
b) Simples o conjuntas.
c) Ordinarias, extraordinarias y conjuntas.
d) Ordinarias, extraordinarias y de urgencia.

**93. Para adoptar acuerdos, las Cámaras deben estar reunidas reglamentaria-mente y con asistencia de la mayoría de sus miembros. Dichos acuerdos, para ser válidos, deberán ser aprobados:**

a) Por la mayoría de los miembros presentes.
b) Por mayoría absoluta de sus miembros.
c) Por los 3/5 de cada una de las Cámaras.
d) Por los 2/3 del conjunto de las Cámaras.

**94. ¿En qué plazo deberá ser convocado el Congreso electo tras la celebración de elecciones?**

a) Entre los 30 y 60 días siguientes.
b) Dentro de los 25 días siguientes.
c) Entre los 10 y 30 días siguientes.
d) Dentro de los 30 días siguientes.

**95. En las causas contra Diputados y Senadores será competente:**

a) La Sala de lo Civil del Tribunal Supremo.
b) La Sala de lo Social del Tribunal Supremo.
c) La Sala de lo Contencioso-Administrativo del Tribunal Supremo.
d) La Sala de lo Penal del Tribunal Supremo.

**96. Las Diputaciones Permanentes estarán presididas por:**

a) El diputado de mayor edad.
b) El diputado del grupo parlamentario más numeroso.
c) El Presidente del Gobierno.
d) El Presidente de la Cámara respectiva.

**97. ¿Cuántos Senadores corresponderán a Menorca?**

a) 1.
b) 2.
c) 3.
d) 4.

**98. Las sesiones conjuntas del Senado y del Congreso serán presididas:**

a) Por el Rey.
b) Por el Presidente del Gobierno.
c) Por el Presidente del Congreso.
d) Por el Presidente del Senado.

**99. Los Senadores por provincias se elegirán por:**

a) Sufragio universal, libre, igual, directo y secreto.
b) Sufragio directo, libre, igual, directo y secreto.
c) Sufragio internacional, directo, igual y secreto.
d) Sufragio universal, libre, secreto, igual y secreto.

**100. ¿Cuál de las siguientes no es una de las cuatro Salas que integran la Audiencia Nacional?**

a) De lo Contencioso-Administrativo.
b) De lo Penal.
c) De lo Civil.
d) De Apelación.

**101. ¿Cuál es la Sala Tercera del Tribunal Supremo?**

a) De lo Contencioso-Administrativo.
b) De lo Social.
c) De lo Penal.
d) De lo Militar.

**102. ¿Cuántos Vocales integran el Consejo General del Poder Judicial?**

a) Diez.
b) Doce.
c) Quince.
d) Veinte.

**103. ¿Cuál de los siguientes no es uno de los órganos del Consejo General del Poder Judicial?**

a) La Comisión de Catalogación.
b) La Comisión Permanente.
c) La Comisión Disciplinaria.
d) La Comisión de Igualdad.

**104. ¿A quién corresponde ejercer la alta inspección de Tribunales, así como la supervisión y coordinación de la actividad inspectora ordinaria de los Presidentes y Salas de Gobierno de los Tribunales:**

a) Al Tribunal Supremo.
b) Al Ministro de Justicia.
c) Al Consejo General del Poder Judicial.
d) Al Tribunal Constitucional.

**105. La asunción de funciones constitucionales por la Reina consorte:**

a) Está prevista como regla general.
b) Depende de la voluntad del Rey.
c) Está prohibida.
d) Está limitada.

**106. La tutoría del Rey puede recaer en:**

a) Cualquier persona nombrada por las Cortes Generales, en su caso.
b) Sus hijos.
c) Una, tres o cinco personas.
d) Nada de lo anterior es cierto.

**107. Una hija del Príncipe de Asturias ostentará este tratamiento:**

a) Cuando su padre acceda a la condición de Rey, si es la primogénita, aunque tenga hermanos varones.
b) Al morir su padre.
c) Al acceder a Rey su padre, si no tiene hermano varón.
d) Cuando delegue en ella el propio Príncipe.

**108. La Regencia se ejerce:**

a) Por mandato del Rey.
b) En nombre de este.
c) Por mandato constitucional.
d) Las respuestas b) y c) son correctas.

**109. La dirección de la defensa del Estado es competencia genuina del/de las:**

a) Rey.
b) Fuerzas Armadas.
c) Gobierno de la Nación.
d) Todos ellos.

**110. El refrendo de los actos del Rey está íntimamente relacionado con:**

a) Su irresponsabilidad política.
b) Su inhabilitación.
c) La Regencia.
d) Sus poderes discrecionales.

**111. En caso de que el Rey sea menor de edad:**

a) No tomará posesión de su cargo hasta su mayoría de edad.
b) Ejercerá la Regencia el Príncipe heredero.
c) Ejercerá la Regencia su cónyuge.
d) Nada de lo anterior es cierto.

**112. Si el Príncipe heredero tuviera descendientes y renunciara a sus derechos al trono:**

a) Su cónyuge ejercería la Regencia hasta que su primogénito varón fuere mayor de edad.
b) Su cónyuge ejercería la Regencia hasta que dicho primogénito fuera proclamado Rey.
c) Se nombraría Princesa heredera a su hermana mayor, si la hubiere.
d) Nada de lo anterior es cierto.

**113. La presidencia por el Rey de las reuniones del Consejo de Ministros:**

a) Se permite solo respecto de las decisorias.
b) Ha de efectuarse a petición del Presidente del Gobierno de la Nación.
c) Está prevista constitucionalmente para dirigir la Administración Civil y Militar.
d) Las respuestas a) y b) son ciertas.

**114. El juramento lo prestará el Rey ante el/las:**

a) Cortes Generales.
b) Gobierno de la Nación.
c) Miembros de la Familia Real.
d) Pueblo español.

**115. Si se agotan todas las líneas llamadas a la sucesión en la Corona de España, se:**

a) Nombran Regentes.
b) Proveerá a la sucesión en la Corona por las Cortes Generales.
c) Proclama la República.
d) Establece una Dictadura.

**116. La inhabilitación del Rey se reconoce por el/los/las:**

a) Gobierno de la Nación.
b) Congreso de los Diputados.
c) Cortes Generales.
d) Tres Poderes constitucionales.

**117. El Regente nombrado en defecto de padre, madre, pariente mayor de edad o Príncipe heredero mayor de edad se designa por el/las:**

a) Propio Rey.
b) Cortes Generales.
c) Congreso de los Diputados.
d) Consejo de Regencia.

**118. El número mínimo de Diputados previstos para el Congreso de los Diputados es de:**

a) 250.
b) 300.
c) 400.
d) 350.

**119. No es incompatible para ser elegido Diputado del Congreso de los Diputados un:**

a) Militar en activo.
b) Miembro de una Junta Electoral.
c) Juez.
d) Ministro.

**120. La Palma elige los siguientes Senadores:**

a) Ninguno.
b) Dos.
c) Uno.
d) Cuatro.

**121. La declaración del estado de sitio debe hacerla el/las:**

a) Gobierno de la Nación.
b) Rey.
c) Congreso de los Diputados.
d) Presidente del Gobierno de la Nación.

**122. El Presidente de la Diputación Permanente del Congreso de los Diputados es el:**

a) Del partido mayoritario.
b) Portavoz del partido con mayor número de escaños.
c) Presidente de la Cámara.
d) Elegido por los Portavoces de los Grupos Parlamentarios.

**123. El mínimo de miembros integrantes de una Comisión de Investigación según el artículo 76 de la Constitución es de:**

a) Veintiuno.
b) Mayoría simple.
c) Mayoría absoluta.
d) No se establece.

**124. No puede solicitar la celebración de una sesión extraordinaria de las Cortes Generales el/la:**

a) Mayoría absoluta de sus miembros.
b) Diputación Permanente de ellas.
c) Mesa de cada Cámara.
d) Gobierno de la Nación.

**125. El primer período de sesiones de las Cámaras concluye, según la Constitución:**

a) Al finalizar su mandato.
b) En enero.
c) En diciembre.
d) En junio.

**126. No puede delegarse en una Comisión Legislativa Permanente la posibilidad de aprobar una Ley:**

a) Tributaria.
b) De funcionarios públicos.
c) Orgánica.
d) Las respuestas a) y c) son correctas.

**127. La justicia se administra en nombre del:**

a) Juez o Tribunal que la imparta.
b) Pueblo español.
c) Rey.
d) Justiciable.

**128. El titular de la Justicia es el/los:**

a) Poder Judicial.
b) Rey.
c) Pueblo soberano.
d) Jueces y Tribunales.

**129. El artículo 117 de la Constitución no incluye como característica de los Jueces y Magistrados la:**

a) Independencia.
b) Responsabilidad.
c) Inamovilidad.
d) Incluye a todas ellas.

**130. La ejecución de lo juzgado es competencia genuina de la/los:**

a) Juzgados y Tribunales.
b) Consejo General del Poder Judicial.
c) Policía Judicial.
d) Administración Pública.

**131. Los supuestos de suspensión o movilidad de los Jueces deben estar establecidos en un/una/la:**

a) Ley.
b) Reglamento.
c) Instrucción del Consejo General del Poder Judicial.
d) Constitución.

**132. Según la Constitución, el procedimiento en el ámbito de la administración de justicia debe ser:**

a) Gratuito siempre.
b) Predominantemente oral.
c) En audiencia pública.
d) Motivado.

**133. La colaboración con los Jueces y Tribunales por los particulares es obligatoria:**

a) En el proceso.
b) Antes del procesamiento.
c) Solo cuando no exista Policía Judicial.
d) En todo caso.

**134. Los Jueces y Tribunales deben elevar al Tribunal Constitucional:**

a) La cuestión de inconstitucionalidad.
b) El recurso de inconstitucionalidad.
c) La inconstitucionalidad de las normas reglamentarias.
d) Todo lo anterior.

**135. Por funcionamiento anormal de la Administración de Justicia debe responder el/la:**

a) Propia Administración.
b) Ministerio de Justicia solamente.
c) Estado.
d) Nadie.

**136. La cúspide de la jurisdicción en España la ostenta el:**

a) Consejo General del Poder Judicial.
b) Ministerio Fiscal.
c) Tribunal Constitucional.
d) Tribunal Supremo.

**137. La misión de velar por la independencia de los Tribunales y procurar ante estos la satisfacción del interés social es propia del/de los:**

a) Poder Judicial.
b) Consejo General del Poder Judicial.
c) Ministerio Fiscal.
d) Jueces y Tribunales.

**138. El jurado no intervendrá en procesos:**

a) De ningún tipo.
b) Penales.
c) Residenciados en Audiencias Provinciales.
d) Civiles.

**139. El Jurado en los Tribunales consuetudinarios:**

a) No existe.
b) Existe.
c) Ejerce la acción popular.
d) Se integra por Jueces y Magistrados.

### 140. La función del Jurado es:

a) Obligatoria y gratuita.
b) Incompatible en todo caso.
c) Remunerada y voluntaria.
d) Ninguna de las respuestas anteriores es correcta.

### 141. La existencia del Jurado en los Tribunales Superiores de Justicia:

a) Es posible.
b) No se va a dar.
c) Es su única sede.
d) Se admite en toda materia.

### 142. Un Policía Local actuará como Policía Judicial:

a) En todo caso.
b) Nunca.
c) Cuando se le requiera al efecto.
d) Previa autorización de su Alcalde.

### 143. La afiliación sindical de Jueces y Magistrados está:

a) Prohibida.
b) Permitida.
c) Legalizada.
d) Admitida, si media consentimiento del Consejo General del Poder Judicial.

### 144. A efectos judiciales no se constituye como división del Estado el/la:

a) Comunidad Autónoma.
b) Municipio.
c) Partido Judicial.
d) Lo son todos ellos.

### 145. El Partido Judicial se integra por:

a) Uno o más Municipios.
b) Un solo Municipio o Provincia.
c) Una o más Provincias.
d) Una Comunidad Autónoma.

### 146. No existe Tribunal Militar Territorial en:

a) Sevilla.
b) La Coruña.

c) Las Palmas.
d) Barcelona.

**147. Tampoco existe Tribunal Militar Territorial en:**

a) Sevilla.
b) Baleares.
c) Madrid.
d) Santa Cruz de Tenerife.

**148. El segundo escalón de la Jurisdicción Militar lo constituye el/la/los:**

a) Tribunal Militar Central.
b) Tribunales Militares Territoriales.
c) Juzgados Togados Militares.
d) Sala de lo Militar del Tribunal Supremo.

**149. El Consejo General del Poder Judicial se renovará en su totalidad cada:**

a) Seis años, contados desde la fecha de su constitución.
b) Cinco años, contados desde la fecha de su constitución.
c) Cuatro años, contados desde la fecha de su constitución.
d) Tres años, contados desde la fecha de su constitución.

**150. ¿Cuántas personas Vocales del Consejo General del Poder Judicial serán designadas por las Cortes Generales?**

a) Veintiuna.
b) Veinte.
c) Diecisiete.
d) Trece.

**151. Con carácter general, los Juzgados de lo Mercantil existirán:**

a) En cada provincia.
b) Con sede en la capital de la provincia.
c) En número de uno o varios.
d) Todo lo anterior es cierto.

**152. Como regla general, los Juzgados de lo Contencioso-Administrativo existirán en el siguiente ámbito territorial:**

a) Comarcal.
b) Provincial.

c) Municipal.
d) De Comunidad Autónoma.

### 153. En la Audiencia Nacional no existe Sala de lo:

a) Penal.
b) Contencioso-Administrativo.
c) Civil.
d) Social.

### 154. La jurisdicción del Tribunal Supremo abarca a:

a) Todas las materias.
b) Las actividades de las Cortes Generales.
c) Todo el territorio nacional.
d) Las cuestiones constitucionales.

### 155. La Sala de lo Militar en el Tribunal Supremo es la:

a) Sexta.
b) Quinta.
c) Cuarta.
d) No existe como tal.

### 156. En el Tribunal Supremo, la Sala Cuarta se dedica a lo:

a) Penal.
b) Contencioso-Administrativo.
c) Militar.
d) Social.

### 157. Con su Presidente, integran el Consejo General del Poder Judicial los siguientes miembros:

a) Doce.
b) Veintiuno.
c) Veinte.
d) Trece.

### 158. Señala cuál de las siguientes no es una de las atribuciones del Consejo General del Poder Judicial:

a) Nombrar al Fiscal General del Estado.
b) Participar, en los términos legalmente previstos, en la selección de Jueces y Magistrados.
c) Ejercer la alta inspección de Tribunales.
d) Proponer el nombramiento de Jueces, Magistrados y Magistrados del Tribunal Supremo.

**159. En materia de modificación de plantillas orgánicas de Jueces y Magistrados, el Consejo General del Poder Judicial:**

a) Decide.
b) Informa posteriormente.
c) Informa previamente.
d) Propone en todo caso.

**160. Los veinte Vocales del Consejo General del Poder Judicial serán designados por:**

a) Las Cortes Generales.
b) El Gobierno de la Nación.
c) Las respuestas a) y b) son correctas.
d) El Tribunal Constitucional, en parte.

**161. No es órgano del Consejo General del Poder Judicial las/el/la:**

a) Pleno.
b) Secciones.
c) Comisión de Asuntos Económicos.
d) Comisión Permanente.

**162. El Vicepresidente en el Consejo General del Poder Judicial:**

a) Es un cargo facultativo.
b) Existe siempre.
c) Se elige por la Comisión Permanente.
d) No existe como tal órgano.

**163. Los miembros del Ministerio Fiscal se integran en:**

a) Un Cuerpo único.
b) Una estructura no jerarquizada.
c) Una sola categoría.
d) Categorías independientes.

**164. Los principios con arreglo a los cuales han de ejercer sus funciones los miembros del Ministerio Fiscal son los de:**

a) Igualdad y legalidad.
b) Imparcialidad e igualdad.
c) Imparcialidad y legalidad.
d) Legalidad y dependencia.

**165. El Consejo General del Poder Judicial, respecto al nombramiento del Fiscal General del Estado:**

a) Es quien lo nombra.
b) Debe ser oído por el Gobierno antes de su nombramiento.
c) No tiene atribuciones.
d) Emite dictamen preceptivo respecto a su nombramiento.

**166. Una característica de la actuación del Ministerio Fiscal, en lo que a su organización interna se refiere, es la de:**

a) Dependencia del Gobierno de la Nación.
b) Dependencia jerárquica.
c) Parcialidad.
d) Inamovilidad.

**167. La vigente Ley del Gobierno de la Nación es de:**

a) 1992.
b) 1995.
c) 1996.
d) 1997.

**168. El ámbito donde es posible una mayor discrecionalidad por parte del Gobierno de la Nación es en el/la:**

a) Aplicación de la ley.
b) Potestad reglamentaria.
c) Dirección de la política.
d) Función ejecutiva.

**169. La función representativa de los miembros del Gobierno de la Nación se manifiesta en:**

a) La Jefatura de los Ministerios.
b) Su estatuto personal como tales.
c) Su mandato parlamentario.
d) Ninguna forma.

**170. La coordinación de las funciones de los miembros del Gobierno de la Nación es competencia del/de las:**

a) Presidente del Gobierno de la Nación.
b) Vicepresidente del Gobierno de la Nación.
c) Ministerio de la Presidencia, Justicia y Relaciones con las Cortes.
d) Comisiones Delegadas del Gobierno de la Nación.

**171. La propuesta del Rey de candidato a la Presidencia del Gobierno de la Nación se canaliza a través del:**

a) Presidente del Congreso de los Diputados.
b) Gobierno de la Nación en pleno.
c) Senado y Congreso de los Diputados.
d) Grupo político mayoritario.

**172. La confianza al candidato a Presidente del Gobierno de la Nación se otorga, en primera vuelta, por:**

a) Mayoría absoluta de las Cortes Generales.
b) Mayoría absoluta del Congreso de los Diputados.
c) Mayoría simple del Congreso de los Diputados.
d) Mayoría simple de las Cortes Generales.

**173. La disolución de las Cámaras, por transcurso de dos meses desde la primera votación de investidura, sin obtención de la confianza parlamentaria por los candidatos, se refrenda por el:**

a) Presidente del Gobierno de la Nación.
b) Rey.
c) Presidente del Congreso de los Diputados.
d) No necesita refrendo.

**174. El Gobierno de la Nación, en relación con los Presupuestos Generales del Estado:**

a) Los aprueba.
b) Los convalida.
c) Aprueba su Proyecto de Ley.
d) Los ratifica.

**175. No se incluye como principio fundamental de la actuación de la Administración el de:**

a) Coordinación.
b) Cooperación.
c) Legalidad.
d) Las respuestas b) y c) son correctas.

**176. La aprobación de exigencia de responsabilidad de un Ministro por un delito contra la seguridad del Estado en el ejercicio de sus funciones compete al/a la:**

a) Sala de lo Penal del Tribunal Supremo.
b) Mayoría absoluta de los miembros del Congreso de los Diputados.

c) Cuarta parte de estos miembros.
d) Consejo de Ministros.

**177. La prerrogativa real de gracia respecto a la responsabilidad penal de un Ministro se refrenda por el:**

a) Presidente del Congreso de los Diputados.
b) Presidente del Tribunal Supremo.
c) Presidente del Gobierno de la Nación.
d) No es posible esta medida.

**178. Las Fuerzas y Cuerpos de Seguridad dependen del:**

a) Ejército.
b) Gobierno de la Nación.
c) Ministerio de Defensa.
d) Rey.

**179. Puede negarse el acceso a los ciudadanos a un archivo administrativo por motivo de:**

a) Intimidad de las personas.
b) Defensa del Estado.
c) Política general.
d) Las respuestas a) y b) son correctas.

**180. No está obligada la Administración a indemnizar a un particular los daños y perjuicios causados por el funcionamiento de sus servicios:**

a) En caso de fuerza mayor.
b) Cuando se trate de un caso fortuito.
c) Si este es solicitado por el propio particular.
d) En todos los tres supuestos anteriores debe indemnizar.

# Solución al test n.º 1

**1.** b) En la indisoluble unidad de la Nación española.

**2.** c) Tienen el deber de conocer y el derecho de usar el castellano.

**3.** d) De las nacionalidades y regiones que la integran.

**4.** d) Las respuestas b) y c) son correctas.

**5.** a) Aprobada por las Cortes el 31 de octubre de 1978, ratificada por el pueblo en referéndum el 6 de diciembre de 1978 y publicada el 29 de diciembre de 1978.

**6.** b) En el Preámbulo.

**7.** a) El Rey.

**8.** d) Ningún español de origen podrá ser privado de su nacionalidad.

**9.** d) La dignidad de la persona, los derechos inviolables que le son inherentes, el libre desarrollo de su personalidad, el respeto a la ley y a los derechos de los demás.

**10.** b) El pluralismo político.

**11.** c) Monarquía parlamentaria.

**12.** b) Parte orgánica.

**13.** c) Reside en el pueblo español.

**14.** c) Limitado por la función social de la misma.

**15.** b) En el Título Preliminar.

**16.** a) Consensuada.

**17.** d) Todas las respuestas son correctas.

**18.** c) El Pleno lo preside el Presidente del Tribunal y, en su defecto, el Vicepresidente y, a falta de ambos, el Magistrado de mayor edad.

**19.** b) La presencia de dos miembros, salvo que haya discrepancia, requiriéndose entonces la de sus tres miembros.

**20.** a) Las sentencias y resoluciones del Tribunal Constitucional tendrán la consideración de títulos declarativos.

**21.** a) El Rey.

**22.** c) Dos.

**23.** b) Con más de quince años de ejercicio profesional.

**24.** b) Igualdad y progresividad.

**25.** c) 1977.

**26.** b) 6 de diciembre de 1978.

**27.** c) Congreso de los Diputados.

**28.** c) No pasa nada, salvo que, como consecuencia de esa actuación, se infrinja un artículo de la propia Constitución.

**29.** c) Seguridad jurídica.

**30.** c) Las respuestas a) y b) son correctas.

**31.** b) Puede aplicarse retroactivamente.

**32.** b) Derecho de usar y deber de conocerlo.

**33.** b) La villa de Madrid.

**34.** b) Décimo.

**35.** d) Primero y 4.º.

**36.** b) Cuarto.

**37.** b) Tercero del Primero.

**38.** a) Propia Constitución.

**39.** b) Valor superior del ordenamiento jurídico.

**40.** c) La Monarquía Parlamentaria.

**41.** b) Valor superior del anterior.

**42.** b) Cuando libremente renuncie a la misma.

**43.** a) Derechos inviolables inherentes a la persona.

**44.** b) En los actos oficiales.

**45.** d) Todos ellos.

**46.** b) Fuerzas Armadas.

**47.** b) Quinto.

**48.** c) El 29 de diciembre de 1978.

**49.** b) Aconfesional.

**50.** c) 15.

**51.** a) Ha quedado abolida.

**52.** a) Detención ilegal.

**53.** b) No dilatarse.

**54.** c) Puede efectuarse en todo momento.

**55.** b) Se necesitará autorización judicial para entrar, si no da su consentimiento para ello.

**56.** c) Sería inconstitucional.

**57.** b) Universal.

**58.** c) Secreto profesional.

**59.** c) Organizaciones Profesionales y la Administración Civil.

**60.** c) No declarar sobre hechos presuntamente delictivos.

**61.** a) Es libre.

**62.** a) No se admite.

**63.** b) Progresivo y generalizado.

**64.** b) Las Salas son dos, compuestas cada una por seis Magistrados.

**65.** a) Entidades constituidas para fines de interés general.

**66.** b) Es un deber de los padres.

**67.** a) Debe evitarse.

**68.** b) Investigación científica.

**69.** b) Negociación colectiva.

**70.** d) Lo están todos ellos.

**71.** b) Enseñanza.

**72.** c) Asistencia de Letrado.

**73.** b) Inviolabilidad del domicilio.

**74.** a) El 31 de octubre de 1978.

**75.** b) El establecimiento, como forma política del Estado, de la monarquía hereditaria.

**76.** c) De 169.

**77.** b) La solidaridad.

**78.** d) En ningún caso un español de origen podrá ser privado de su nacionalidad.

**79.** b) En el Título III.

**80.** c) El mismo día de la publicación de su texto oficial en el Boletín Oficial del Estado.

**81.** a) De los derechos y deberes fundamentales

**82.** d) En los artículos 15 a 29.

**83.** c) El Tribunal Constitucional.

**84.** a) Por tres.

**85.** b) El Rey.

**86.** d) Por ley orgánica.

**87.** a) Las Cortes Generales.

**88.** c) Nombrar y relevar a los miembros civiles y militares de la Casa Real.

**89.** a) Al Rey.

**90.** d) Será excluido en la sucesión de la corona.

**91.** d) Por mandato constitucional y en nombre del Rey.

**92.** c) Ordinarias, Extraordinarias y Conjuntas.

**93.** a) Por la mayoría de los miembros presentes.

**94.** b) Dentro de los 25 días siguientes.

**95.** d) La Sala de lo Penal del Tribunal Supremo.

**96.** d) El Presidente de la Cámara respectiva.

**97.** a) 1.

**98.** c) Por el Presidente del Congreso.

**99.** a) Sufragio universal, libre, igual, directo y secreto.

**100.** c) De lo Civil.

**101.** a) De lo Contencioso-Administrativo.

**102.** d) Veinte.

**103.** a) La Comisión de Catalogación.

**104.** c) Al Consejo General del Poder Judicial.

**105.** d) Está limitada.

**106.** a) Cualquier persona nombrada por las Cortes, en su caso.

**107.** c) Al acceder a Rey su padre, si no tiene hermano varón.

**108.** d) Las respuestas b) y c) son correctas.

**109.** c) Gobierno de la Nación.

**110.** a) Su irresponsabilidad política.

**111.** d) Nada de lo anterior es cierto.

**112.** c) Se nombraría Princesa heredera a su hermana mayor, si la hubiere.

**113.** b) Ha de efectuarse a petición del Presidente del Gobierno de la Nación.

**114.** a) Cortes Generales.

**115.** b) Proveerá a la sucesión en la Corona por las Cortes Generales.

**116.** c) Cortes Generales.

**117.** b) Cortes Generales.

**118.** b) 300.

**119.** d) Ministro.

**120.** c) Uno.

**121.** c) Congreso de los Diputados.

**122.** c) Presidente de la Cámara.

**123.** d) No se establece.

**124.** c) Mesa de cada Cámara.

**125.** c) En diciembre.

**126.** c) Orgánica.

**127.** c) Rey.

**128.** c) Pueblo soberano.

**129.** d) Incluye a todas ellas.

**130.** a) Juzgados y Tribunales.

**131.** a) Ley.

**132.** b) Predominantemente oral.

**133.** a) En el proceso.

**134.** a) La cuestión de inconstitucionalidad.

**135.** c) Estado.

**136.** d) Tribunal Supremo.

**137.** c) Ministerio Fiscal.

**138.** d) Civiles.

**139.** a) No existe.

**140.** d) Ninguna de las respuestas anteriores es correcta.

**141.** a) Es posible.

**142.** c) Cuando se le requiera al efecto.

**143.** a) Prohibida.

**144.** d) Lo son todos ellos.

**145.** a) Uno o más Municipios.

**146.** c) Las Palmas.

**147.** b) Baleares.

**148.** a) Tribunal Militar Central.

**149.** b) Cinco años, contados desde la fecha de su constitución.

**150.** b) Veinte.

**151.** d) Todo lo anterior es cierto.

**152.** b) Provincial.

**153.** c) Civil.

**154.** c) Todo el territorio nacional.

**155.** b) Quinta.

**156.** d) Social.

**157.** b) Veintiuno.

**158.** a) Nombrar al Fiscal General del Estado.

**159.** c) Informa previamente.

**160.** a) Las Cortes Generales.

**161.** b) Secciones.

**162.** d) No existe como tal órgano.

**163.** a) Un Cuerpo único.

**164.** c) Imparcialidad y legalidad.

**165.** b) Debe ser oído por el Gobierno antes de su nombramiento.

**166.** b) Dependencia jerárquica.

**167.** d) 1997.

**168.** c) Dirección de la política.

**169.** c) Su mandato parlamentario.

**170.** a) Presidente del Gobierno de la Nación.

**171.** a) Presidente del Congreso de los Diputados.

**172.** b) Mayoría absoluta del Congreso de los Diputados.

**173.** c) Presidente del Congreso de los Diputados.

**174.** c) Aprueba su Proyecto de Ley.

**175.** b) Cooperación.

**176.** b) Mayoría absoluta de los miembros del Congreso de los Diputados.

**177.** d) No es posible esta medida.

**178.** b) Gobierno de la Nación.

**179.** d) Las respuestas a) y b) son correctas.

**180.** a) En caso de fuerza mayor.

# TEST N.º 2

**La Unión Europea: El Parlamento Europeo. El Consejo Europeo. El Consejo de la Unión Europea: competencias, estructura y funcionamiento. La Comisión Europea: composición, organización y funcionamiento. El Tribunal de Justicia. Las fuentes del ordenamiento jurídico comunitario: el derecho originario y el derecho derivado**

**1. El Tribunal de Justicia de la Unión Europea comprenderá:**

a) El Tribunal de Justicia, el Tribunal General y los tribunales especializados.
b) El Tribunal de Justicia y el Tribunal General.
c) El Tribunal de Justicia, el Tribunal General, los tribunales especializados y el Tribunal de Primera Instancia.
d) El Tribunal de Justicia y los tribunales especializados.

**2. El Consejo está compuesto por:**

a) Un representante de cada Estado miembro, de rango ministerial, facultado para comprometer al Gobierno del Estado miembro al que represente y para ejercer el derecho de voto.
b) Los Jefes de Estado o de Gobierno de los Estados miembros, así como por su Presidente y por el Presidente de la Comisión.
c) Los Jefes de Estado o de Gobierno de los países miembros.
d) Todas son falsas.

**3. Excepto cuando los Tratados dispongan otra cosa, el Consejo se pronunciará por:**

a) Mayoría simple.
b) Unanimidad.
c) Mayoría cualificada.
d) Mayoría simple y cualificada.

**4. ¿Cuál es el órgano ejecutivo de la Unión Europea?**

a) El Consejo.
b) El Consejo Europeo.
c) La Comisión.
d) El Presidente de la Comisión.

**5. Los miembros de la Comisión son nombrados por:**

a) El Parlamento.
b) El Parlamento y el Consejo Europeo de forma conjunta.
c) El Consejo Europeo, por mayoría cualificada.
d) El Consejo, por mayoría cualificada.

**6. Señala la respuesta verdadera:**

a) El Parlamento Europeo y el Consejo estarán asistidos por un Comité Económico y Social y por un Comité de las Regiones que ejercerán funciones consultivas.
b) El Parlamento Europeo, el Consejo y la Comisión estarán asistidos por un Comité Económico y Social y por un Comité de las Regiones que ejercerán funciones consultivas.
c) El Parlamento Europeo, el Consejo, la Comisión y el Tribunal de Justicia estarán asistidos por un Comité Económico y Social y por un Comité de las Regiones que ejercerán funciones consultivas.
d) Todas las respuestas son falsas.

**7. El Parlamento Europeo:**

a) Estará compuesto por representantes de los ciudadanos de la Unión.
b) La representación de los ciudadanos será decrecientemente proporcional, con un mínimo de seis diputados por Estado miembro.
c) No se asignará a ningún Estado miembro más de noventa y seis escaños.
d) Todas las respuestas son verdaderas.

**8. Los Diputados al Parlamento Europeo serán elegidos para un mandato de:**

a) Cuatro años.
b) Seis años.
c) Cinco años.
d) Todas son falsas.

**9. El presupuesto anual de la UE es decidido (aprobado):**

a) Conjuntamente por el Consejo y el Parlamento, por un procedimiento especial.
b) Por el Parlamento.

c) Por la Comisión.
d) Por la Comisión y el Parlamento, por un procedimiento ordinario.

## 10. El Coreper es:

a) La representación de cada miembro ante la UE.
b) Un órgano de la Comisión.
c) Un órgano del Parlamento.
d) La reunión de los miembros de la Comisión.

## 11. La Mesa del Parlamento tiene los siguientes Vicepresidentes:

a) 14.
b) 15.
c) 16.
d) 5.

## 12. La Comisión se designa para un periodo de:

a) 5 años.
b) 6 años.
c) 4 años.
d) El que determine el Parlamento.

## 13. La sede de la Comisión está en:

a) Estrasburgo.
b) Bruselas.
c) Luxemburgo.
d) París.

## 14. El mandato de los miembros de la Comisión será:

a) Renovable por una sola vez.
b) Renovable.
c) No será renovable.
d) Renovable cuando así lo determine el Parlamento.

## 15. Los acuerdos de la Comisión se adoptarán:

a) Por unanimidad.
b) Por mayoría cualificada.
c) Por 2/3 partes.
d) Por mayoría del número de miembros.

**16. El Tribunal de Justicia de la Unión Europea tendrá su sede en:**

a) Luxemburgo.
b) Bruselas.
c) Frankfurt.
d) La Haya.

**17. El Presidente de la Comisión:**

a) Definirá las orientaciones con arreglo a las cuales la Comisión desempeñará sus funciones.
b) Determinará la organización interna de la Comisión velando por la coherencia, eficacia y colegialidad de su actuación.
c) Nombrará Vicepresidentes, distintos del Alto Representante de la Unión para Asuntos Exteriores y Política de Seguridad, de entre los miembros de la Comisión.
d) Todas las respuestas son verdaderas.

**18. Respecto a las elecciones al Parlamento Europeo, en España se ha optado porque:**

a) La circunscripción electoral sea única para todo el territorio nacional.
b) La circunscripción electoral sea por Comunidades Autónomas.
c) La circunscripción electoral sea por provincias.
d) Todas las respuestas son falsas.

**19. La Institución en la que están representados los intereses nacionales y por ello encarna el principio de la representación de los Estados en la Unión Europea, es:**

a) El Consejo.
b) La Comisión.
c) El Parlamento.
d) Todas las respuestas son verdaderas.

**20. En relación con la Comisión:**

a) Solamente los nacionales de los Estados miembros podrán ser miembros de la Comisión.
b) Los miembros de la Comisión ejercerán sus funciones con absoluta independencia y en interés general de su país.
c) Los miembros de la Comisión podrán, mientras dure su mandato, ejercer actividades profesionales, retribuidas o no, solamente fuera de la Comunidad.
d) Todas las respuestas son verdaderas.

**21. Respecto del Parlamento Europeo:**

a) El periodo parcial de sesiones será la reunión que celebre el Parlamento, por regla general, cada mes. Este periodo se dividirá en sesiones.
b) La legislatura coincidirá con la duración del mandato de los diputados.
c) La duración del periodo de sesiones será de un año.
d) Todas las respuestas son verdaderas.

**22. Señala la respuesta verdadera:**

a) Todo miembro de la Comisión que deje de reunir las condiciones necesarias para el ejercicio de sus funciones o haya cometido una falta grave podrá ser cesado por el Tribunal de Justicia, a instancia del Consejo, por mayoría simple, o de la Comisión.
b) Todo miembro de la Comisión que deje de reunir las condiciones necesarias para el ejercicio de sus funciones o haya cometido una falta grave podrá ser cesado por el Tribunal, a instancia del Consejo, por mayoría simple, o de la Comisión.
c) Todo miembro de la Comisión que deje de reunir las condiciones necesarias para el ejercicio de sus funciones o haya cometido una falta grave podrá ser cesado por el Tribunal de Justicia, a instancia del Consejo, de la Comisión o del Parlamento.
d) Todas las respuestas son falsas.

**23. El Tribunal de Justicia estará compuesto por:**

a) Un juez por Estado miembro y 11 abogados generales.
b) Al menos un juez por Estado miembro y nueve abogados generales.
c) Al menos un juez por Estado miembro y los abogados generales rotarán por países.
d) Dos jueces por cada Estado miembro.

**24. Las elecciones al Parlamento Europeo se celebran cada:**

a) Seis años.
b) Cinco años.
c) Cuatro años.
d) Ocho años.

**25.¿Qué país presidirá el Consejo en el segundo semestre de 2025?**

a) Hungría.
b) Polonia.
c) Bélgica.
d) Francia.

**26. Habrá quórum en el Parlamento cuando se encuentre reunida en el salón de sesiones:**

a) La cuarta parte de los diputados que integran el Parlamento.
b) La quinta parte de los diputados que integran el Parlamento.

c) La mitad de los diputados que integran el Parlamento.

d) La tercera parte de los diputados que integran el Parlamento.

### 27. Serán necesarios para formar grupo parlamentario en el Parlamento Europeo:

a) 25 diputados, que representen al menos a una cuarta parte de los Estados miembros.

b) 25 diputados, que representen al menos a cinco Estados miembros.

c) 25 diputados, que representen al menos a una tercera parte de los Estados miembros.

d) 23 diputados, que representen al menos a una cuarta parte de los Estados miembros.

### 28. El Presidente del Parlamento Europeo tendrá un mandato de:

a) Tres años.

b) Dos años y medio, sin prórroga.

c) Cinco años, con prórroga.

d) Dos años y medio, prorrogable por otros dos años y medio.

### 29. No será Institución de la Comunidad:

a) El Consejo de la Unión Europea

b) El Tribunal de Justicia.

c) El Defensor del Pueblo.

d) Todas son Instituciones.

### 30. Fijar los sueldos, dietas y pensiones del Presidente del Consejo Europeo, del Presidente de la Comisión, del Alto Representante de la Unión para Asuntos Exteriores y Política de Seguridad, de los miembros de la Comisión, de los Presidentes, miembros y secretarios del Tribunal de Justicia de la Unión Europea y del Secretario General del Consejo corresponde al:

a) Parlamento.

b) Consejo.

c) Consejo Europeo.

d) Comisión.

### 31. El Parlamento:

a) Se reunirá con previa convocatoria el segundo martes de marzo.

b) Se reunirá sin necesidad de previa convocatoria el segundo martes de marzo.

c) Se reunirá la segunda semana de enero con previa convocatoria.

d) Se reunirá el 2 de enero de cada año.

### 32. En el Parlamento Europeo, las sesiones plenarias mensuales, a las que asisten todos los diputados, se celebran en:

a) Estrasburgo (Francia).

b) Bruselas (Bélgica).

c) Luxemburgo.

d) Holanda.

**33. Tendrá derecho a presentar al Parlamento Europeo, individualmente o aso-ciado con otros ciudadanos o personas, una petición sobre un asunto propio de los ámbitos de actuación de la Comunidad que le afecte directamente:**

a) Solamente los Estados miembros.

b) Cualquier ciudadano de la Unión, así como cualquier persona física o jurídica que resida o tenga su domicilio social en un Estado miembro.

c) Exclusivamente cualquier ciudadano de la Unión.

d) Todas las respuestas son falsas.

**34. El Parlamento Europeo podrá tener, en su caso como máximo, los siguiente Diputados:**

a) Su número no excederá de setecientos cincuenta, más el Presidente.

b) Su número no excederá de setecientos cincuenta y uno, más el Presidente.

c) Su número será de setecientos treinta y seis.

d) Su número no excederá de 720 en todo caso

**35. El Parlamento Europeo, en caso de que se le someta una moción de censura sobre la gestión de la Comisión:**

a) Solo podrá pronunciarse sobre dicha moción transcurridos tres días desde la fecha de su presentación y en votación pública.

b) Solo podrá pronunciarse sobre dicha moción transcurridos tres días como mínimo desde la fecha de su presentación y en votación pública.

c) Solo podrá pronunciarse sobre dicha moción transcurridos cinco días como mínimo desde la fecha de su presentación y en votación pública.

d) No se establece plazo.

**36. Las Instituciones Comunitarias en sentido estricto son:**

a) El Parlamento Europeo, el Consejo, la Comisión, el Tribunal de Justicia, el Comité de las Regiones y el Comité Económico y Social.

b) El Parlamento Europeo, el Consejo, la Comisión, el Tribunal de Justicia y el Comité de las Regiones.

c) El Parlamento Europeo, el Consejo, la Comisión, el Tribunal de Justicia y el Comité Económico y Social.

d) El Parlamento Europeo, el Consejo, la Comisión, el Tribunal de Justicia, el Tribunal de Cuentas, el Banco Central Europeo y el Consejo Europeo.

**37. ¿Qué Institución de la Unión Europea está compuesta por un representante de cada Estado miembro de rango ministerial?**

a) La Comisión.
b) El Consejo.
c) El Tribunal de Justicia.
d) El Comité Económico y Social.

**38. Respecto de la moción de censura:**

a) Si la moción de censura es aprobada por mayoría de dos tercios de los votos emitidos que representen, a su vez, la mayoría de los diputados que componen el Parlamento Europeo, los miembros de la Comisión deberán dimitir colectivamente de sus cargos y el Alto Representante de la Unión para Asuntos Exteriores y Política de Seguridad deberá dimitir del cargo que ejerce en la Comisión.
b) Si la moción de censura es aprobada por mayoría de dos tercios de los votos emitidos que representen, a su vez, la mayoría de los diputados que componen el Parlamento Europeo, los miembros de la Comisión deberán dimitir colectivamente de sus cargos, excepto el Alto Representante de la Unión para Asuntos Exteriores y Política de Seguridad.
c) Si la moción de censura es aprobada por mayoría de tres quintos de los votos emitidos que representen, a su vez, la mayoría de los diputados que componen el Parlamento Europeo, los miembros de la Comisión deberán dimitir colectivamente de sus cargos y el Alto Representante de la Unión para Asuntos Exteriores y Política de Seguridad deberá dimitir del cargo que ejerce en la Comisión.
d) Todas son falsas.

**39. El número mínimo de Diputados al Parlamento por país será de:**

a) Seis.
b) Cinco.
c) Cuatro.
d) Ocho.

**40. El Consejo decidirá la organización de la Secretaría General por:**

a) Unanimidad.
b) Mayoría simple.
c) Mayoría cualificada.
d) Consenso.

**41. La mayoría cualificada en el Consejo, cuando actúe a instancias de la Comisión, se definirá:**

a) Como un mínimo del 55 % de los miembros del Consejo que incluya al menos a quince de ellos, que represente a Estados miembros que reúnan como mínimo el 65 % de la población de la Unión.

b) Como un mínimo del 65 % de los miembros del Consejo que incluya al menos a quince de ellos, que represente a Estados miembros que reúnan como mínimo el 55 % de la población de la Unión.

c) Como un mínimo del 55 % de los miembros del Consejo que incluya al menos a quince de ellos, que represente a Estados miembros que reúnan como mínimo el 72 % de la población de la Unión.

d) Como un mínimo del 55 % de los miembros del Consejo que incluya al menos a diez de ellos, que represente a Estados miembros que reúnan como mínimo el 72 % de la población de la Unión.

### 42. Son formaciones de existencia necesaria en Consejo:

a) El Consejo de Asuntos Generales y el Consejo de Asuntos Exteriores.

b) El Consejo de Asuntos Generales, el Consejo de Asuntos Exteriores y el Consejo de Asuntos de Justicia e Interior.

c) El Consejo de Asuntos Generales, el Consejo de Asuntos Exteriores y el Consejo de Asuntos Económicos y Financieros.

d) El Consejo de Asuntos Generales y el ECOFIN.

### 43. Los Tratados establecen, respecto de la composición de la Comisión, que a partir del 1 de noviembre de 2014, la Comisión estará compuesta por:

a) Un número de miembros correspondiente a los tres quintos del número de Estados miembros, a menos que el Consejo Europeo decida por unanimidad modificar dicho número.

b) Un número de miembros correspondiente a los dos tercios del número de Estados miembros, a menos que el Consejo de la Unión Europea decida por unanimidad modificar dicho número.

c) Un número de miembros correspondiente a los dos tercios del número de Estados miembros, a menos que el Consejo Europeo decida por unanimidad modificar dicho número.

d) Un número de miembros correspondiente a los dos tercios del número de Estados miembros, a menos que el Parlamento Europeo decida por unanimidad modificar dicho número.

### 44. En el Consejo y cuando se vote por mayoría cualificada, para bloquear una decisión, son necesarios:

a) Al menos 4 países, que representen, como mínimo, al 35 % de la población total de la UE.

b) Al menos 3 países, que representen, como mínimo, al 35 % de la población total de la UE.

c) Al menos 4 países, que representen, como mínimo, al 55 % de la población total de la UE.

d) Al menos 4 países, que representen, como mínimo, al 65 % de la población total de la UE.

**45. Los jueces elegirán de entre ellos al Presidente del Tribunal General por un periodo de:**

a) Seis años no renovables.
b) Cinco años renovables.
c) Tres años y su mandato será renovable.
d) Cuatro años renovables.

**46. La Presidencia del Consejo y las de sus distintas formaciones están asistidas por:**

a) El Consejo Económico y Social.
b) El Parlamento.
c) Una Secretaría General
d) El Órgano Consultivo de la Unión Europea.

**47. Señala la respuesta verdadera:**

a) El Parlamento Europeo representa a los ciudadanos de la UE y es elegido directamente por ellos.
b) El Consejo de la Unión Europea representa a los Estados miembros individuales.
c) La Comisión Europea defiende los intereses de la Unión en conjunto.
d) Todas son verdaderas.

**48. Señala la respuesta falsa:**

a) La Comisión tendrá su sede en Bruselas, aunque algunos de sus servicios se establecerán en Luxemburgo.
b) El Tribunal de Justicia de la Unión Europea tendrá su sede en Luxemburgo.
c) El Tribunal de Cuentas tendrá su sede en Luxemburgo.
d) El Comité Económico y Social tendrá su sede en La Haya.

**49. Cuando hablamos del Consejo nos estamos refiriendo:**

a) Al Consejo de la Unión Europea.
b) Al Consejo Europeo.
c) Al Consejo de Europa.
d) Todas las respuestas son falsas.

**50. En el Parlamento el periodo de sesiones será:**

a) El primero de septiembre a diciembre y el segundo de febrero a junio.
b) El primero de enero a junio y el segundo de septiembre a diciembre.
c) La duración del periodo de sesiones será de un año.
d) De enero a octubre.

**51. La Presidencia del Consejo de la Unión Europea:**

a) Es rotatoria cada 6 meses.
b) Es de dos años y medio.
c) Será rotatoria solamente la del Consejo Europeo.
d) Será de un año.

**52. La Presidencia de las formaciones del Consejo:**

a) Será desempeñada por los representantes de los Estados miembros en el Consejo mediante un sistema de rotación igual.
b) Con excepción de la de Asuntos Exteriores, será desempeñada por los representantes de los Estados miembros en el Consejo mediante un sistema de rotación igual.
c) Será desempeñada por el presidente del Consejo Europeo.
d) Todas las respuestas son falsas.

**53. En el Consejo es una formación de existencia obligatoria:**

a) El Consejo de Asuntos Exteriores.
b) El Consejo de Asuntos Económicos y Financieros (ECOFIN).
c) El Consejo de Asuntos de Justicia e Interior, que reúne a los Ministros de Justicia o de Interior.
d) El Consejo de Empleo, Política Social, Salud y Consumidores.

**54. Respecto a la Secretaría General del Consejo:**

a) La Presidencia del Consejo y las de sus distintas formaciones están asistidas por la Secretaría General del Consejo, órgano administrativo y de gestión interna cuya dirección detenta un Secretario General, nombrado por el Consejo.
b) El Consejo decidirá por mayoría simple la organización de la Secretaría General.
c) El Consejo se pronunciará por mayoría simple en las cuestiones de procedimiento y para la aprobación de su reglamento interno.
d) Todas las respuestas son verdaderas.

**55. El Consejo:**

a) Por mayoría cualificada, podrá pedir a la Comisión que proceda a efectuar todos los estudios que él considere oportunos para la consecución de los objetivos comunes y que le someta las propuestas pertinentes. Si la Comisión no presenta propuesta alguna, comunicará las razones al Consejo.
b) Por mayoría simple, podrá pedir al Parlamento que proceda a efectuar todos los estudios que él considere oportunos para la consecución de los objetivos comunes y que le someta las propuestas pertinentes.

c) Podrá pedir a la Comisión que proceda a efectuar todos los estudios que él considere oportunos para la consecución de los objetivos comunes y que le someta las propuestas pertinentes. Si la Comisión no presenta propuesta alguna, comunicará las razones al Consejo.

d) Por mayoría simple, podrá pedir a la Comisión que proceda a efectuar todos los estudios que él considere oportunos para la consecución de los objetivos comunes y que le someta las propuestas pertinentes. Si la Comisión no presenta propuesta alguna, comunicará las razones al Consejo.

**56. Los miembros de la Comisión serán elegidos en razón de su competencia general y de su compromiso europeo:**

a) Será necesario haber ostentando el cargo de ministro en su país miembro.
b) Será necesario haber sido miembro del Parlamento Europeo.
c) De entre personalidades que ofrezcan plenas garantías de independencia.
d) De entre personalidades de cada Estado miembro que sean a su vez miembros del gobierno nacional de cada país.

**57. A los vicepresidentes de la Comisión los nombra:**

a) El Presidente.
b) El Consejo.
c) El Consejo Europeo.
d) La Comisión en pleno.

**58. La Comisión será nombrada por:**

a) El Parlamento.
b) El Consejo.
c) Conjuntamente por el Parlamento y el Consejo.
d) El Consejo Europeo, por mayoría cualificada.

**59. De acuerdo con el TUE, las instituciones mantendrán entre sí:**

a) Relaciones de coordinación.
b) Relaciones de cooperación.
c) Una coordinación y cooperación leal.
d) Una cooperación leal.

**60. Las responsabilidades que incumben a la Comisión:**

a) Vienen determinadas para cada Comisario en el Tratado de Lisboa.
b) Se las atribuye el Consejo.
c) Serán estructuradas y repartidas entre sus miembros por el Presidente.
d) Serán atribuidas de acuerdo con el reglamento interno de la Comisión.

**61. Como regla general, la Institución que tiene la iniciativa legislativa es:**

a) El Consejo.
b) La Comisión.
c) El Parlamento.
d) Todos ellos.

**62. El número mínimo y máximo, respectivamente, de parlamentarios por país es de:**

a) 5 y 96.
b) 6 y 99.
c) 6 y 96.
d) 6 y 98.

**63. En el Parlamento Europeo los parlamentarios que no pertenecen a ningún grupo, se denominan:**

a) No inscritos.
b) Grupo mixto.
c) Grupo europeo.
d) Todos deben pertenecer a un grupo parlamentario.

**64. En el Parlamento Europeo en la actualidad existen los siguientes cuestores:**

a) 4.
b) 5.
c) 6.
d) 7.

**65. En el Parlamento existen o pueden existir:**

a) Comisiones permanentes.
b) Comisiones especiales.
c) Comisiones de investigación.
d) Todas ellas.

**66. Respecto a las peticiones al Parlamento las pueden presentar:**

a) Cualquier ciudadano de la Unión, así como cualquier persona física o jurídica que resida o tenga su domicilio social en un Estado miembro, tendrá derecho a presentar al Parlamento Europeo, individualmente o asociado con otros ciudadanos o personas, una petición sobre un asunto propio de los ámbitos de actuación de la Unión que le afecte directamente.

b) Cualquier Estado, así como cualquier persona jurídica que resida o tenga su domicilio social en un Estado miembro, tendrá derecho a presentar al Parlamento Europeo, individualmente o asociado con otros ciudadanos o personas, una petición sobre un asunto propio de los ámbitos de actuación de la Unión que le afecte directamente.

c) Cualquier ciudadano de la Unión, así como cualquier persona física o jurídica que resida o tenga su domicilio social en un Estado miembro, tendrá derecho a presentar al Parlamento Europeo, exclusivamente de forma individual una petición sobre un asunto propio de los ámbitos de actuación de la Unión que le afecte directamente.

d) Cualquier Estado tendrá derecho a presentar al Parlamento Europeo una petición sobre un asunto propio de los ámbitos de actuación de la Unión que le afecte directamente.

**67. Cuando el Consejo no actúe a propuesta de la Comisión o del Alto Representante de la Unión para Asuntos Exteriores y Política de Seguridad, la mayoría cualificada se definirá con:**

a) Un mínimo del 72 % de los miembros del Consejo.
b) Un mínimo del 72 % de la población.
c) Un mínimo del 65 % de los miembros del Consejo.
d) Todas son falsas.

**68. El Presidente, el Alto Representante de la Unión para Asuntos Exteriores y Política de Seguridad y los demás miembros de la Comisión se someterán colegiadamente al voto de aprobación de:**

a) Parlamento Europeo.
b) Consejo Europeo.
c) Consejo.
d) Tribunal de Justicia.

**69. El Parlamento Europeo tiene en la actualidad los siguientes Diputados:**

a) 705, incluido el Presidente.
b) 750, incluido el Presidente
c) 750, más el Presidente
d) 720, incluido el Presidente

**70. ¿Qué Tratado regula el mercado interior como una de las innovaciones más importantes, y que por ello va a permitir crear y desarrollar en un futuro el mercado único europeo, eliminando las barreras a las fronteras que existían hasta ese momento?**

a) Lisboa.
b) Niza.
c) Ámsterdam.
d) Acta Única.

**71. El Presidente del Tribunal de Justicia lo elige:**

a) La Comisión.
b) El Consejo Europeo.
c) El Consejo de la Unión Europea.
d) Los jueces del Tribunal de Justicia.

**72. Será miembro nato de la Comisión:**

a) El Presidente del Consejo Europeo.
b) El Presidente del Consejo de la Unión Europea.
c) El Alto Representante de la Unión para Asuntos Exteriores y Política de Seguridad.
d) El Presidente del Parlamento Europeo.

**73. En el Consejo de la Unión Europea en las votaciones por mayoría cualificada, las abstenciones cuentan:**

a) Como abstenciones.
b) Como votos en contra.
c) Como votos a favor.
d) Todas son falsas.

**74. ¿Cuántos miembros tiene el Tribunal General de la Unión Europea?**

a) Uno por cada Estado.
b) Dos por cada Estado.
c) 49.
d) 47.

**75. El Consejo Europeo está compuesto por:**

a) Los Jefes de Estado o de Gobierno de los Estados miembros, así como por su Presidente y por el Presidente de la Comisión. Participará en sus trabajos el Alto Representante de la Unión para Asuntos Exteriores y Política de Seguridad.
b) Los Jefes de Estado o de Gobierno de los Estados miembros, así como por su Presidente. Participará en sus trabajos el Alto Representante de la Unión para Asuntos Exteriores y Política de Seguridad.
c) Los Jefes de Estado o de Gobierno de los Estados miembros y por el Presidente de la Comisión. Participará en sus trabajos el Alto Representante de la Unión para Asuntos Exteriores y Política de Seguridad.
d) Los Jefes de Estado o de Gobierno de los Estados miembros, así como por su Presidente y por el Presidente de la Comisión. También por el Alto Representante de la Unión para Asuntos Exteriores y Política de Seguridad.

**76. El Parlamento Europeo en la actualidad:**

a) Tiene 705 diputados
b) Tiene 720 diputados, incluido el Presidente,
c) Tiene 720 diputados, más el Presidente,
d) Tiene 722 diputados

**77. Acerca del Presidente del Consejo Europeo diremos que:**

a) Es una figura de nueva creación tras el Tratado de Lisboa.
b) Su mandato será de dos años y medio.
c) Su misión principal será garantizar la preparación y continuidad de su labor y favorecer el consenso entre los países miembros.
d) Todas las respuestas son verdaderas.

**78. El Consejo Europeo se reunirá:**

a) Una vez por semestre por convocatoria de su Presidente.
b) Dos veces por semestre por convocatoria de su Presidente.
c) Tres veces por semestre o a petición de su Presidente.
d) Todas son falsas.

**79. ¿Qué Presidente tiene un mandato máximo de dos años y medio?**

a) El de la Comisión.
b) El del Consejo de la Unión Europea.
c) El del Consejo Europeo.
d) Todos ellos

**80.Cuál de las siguientes no es una formación del Consejo en la actualidad:**

a)El Consejo de Empleo, Política Social, Salud y Consumidores.
b)El Consejo de Competitividad y Transparencia
c)El Consejo de Transportes, Telecomunicaciones y Energía.
d)El Consejo de Agricultura y Pesca.

**81. Respecto del Consejo Europeo:**

a) Es el órgano legislativo ordinario.
b) No ejercerá función legislativa alguna.
c) Normalmente, el Consejo Europeo se reúne en Estrasburgo.
d) Es una figura de nueva creación en el Tratado de Lisboa.

**82. Los diputados al Parlamento Europeo serán elegidos por sufragio:**

a) Universal, directo, libre y secreto.
b) Universal, directo y libre.
c) Universal, igual, directo, secreto y libre.
d) Universal, secreto y libre.

**83. Cuando la situación lo exija, se convocará una reunión extraordinaria del Consejo Europeo por:**

a) Su Presidente.
b) Cualquier Estado.
c) El Presidente de la Comisión.
d) El Presidente del Consejo de la Unión Europea.

**84. El Presidente del Consejo Europeo:**

a) Asumirá en exclusiva la representación exterior de la Unión en los asuntos de política exterior y de seguridad común.
b) No podrá ejercer mandato nacional alguno, salvo la de Ministro.
c) Su mandato será renovable por una sola vez.
d) Todas las respuestas son verdaderas.

**85. Salvo que los Tratados dispongan otra cosa, el Consejo Europeo se pronunciará por:**

a) Consenso.
b) Mayoría cualificada.
c) Unanimidad.
d) Mayoría simple.

**86. Una Decisión es:**

a) Un acto jurídico vinculante que solamente puede tener un ámbito de aplicación general
b) Un acto jurídico no vinculante que puede tener un ámbito de aplicación general o estar dirigido a un destinatario concreto.
c) Un acto jurídico vinculante que puede tener un ámbito de aplicación general o estar dirigido a un destinatario concreto.
d) Un acto jurídico vinculante que puede tener un ámbito de aplicación general o estar dirigido a un destinatario concreto, siendo en este caso únicamente los Estados miembros.

**87. ¿Durante qué meses el Consejo celebra sus sesiones en Luxemburgo?**

a) Abril, junio y octubre.
b) Abril, julio y octubre.

c) Abril, septiembre y diciembre.
d) Mayo, junio y octubre.

**88.La actual Comisión tiene los siguientes Vicepresidentes:**

a)6
b)4
c)5
d)7

**89. Las Directivas:**

a) No tienen efecto directo en ningún caso.
b) Tienen efecto directo en todo caso.
c) Si la directiva es clara y detallada puede generar derechos aunque no esté trans-puesta al Ordenamiento interno.
d) Si la directiva es clara y detallada puede generar derechos, pero tiene que estar ya transpuesta.

**90. La composición del Parlamento Europeo se fijará:**

a) Por el Consejo por unanimidad, a iniciativa del Parlamento y con su aprobación.
b) Por el Consejo Europeo por unanimidad, a iniciativa del Parlamento Europeo y con su aprobación.
c) Por la Comisión.
d) Por el Consejo Europeo por consenso, a iniciativa del Parlamento Europeo y con su aprobación.

**91. ¿Qué Institución dará a la Unión los impulsos necesarios para su desarrollo y definirá sus orientaciones y prioridades políticas generales de la Unión Europea?**

a) El Consejo.
b) La Comisión.
c) El Consejo Europeo.
d) El Parlamento.

**92. ¿Qué Institución no tiene competencias legislativas?**

a) El Parlamento.
b) El Consejo.
c) El Consejo Europeo.
d) Las tienen todas ellas.

**93. ¿En qué caso se puede convocar una sesión extraordinaria al Consejo Europeo?**

a) Cuando la situación lo exija.
b) Cuando exista urgencia.
c) Cuando lo requieran tres países miembros.
d) A propuesta del Consejo y de la Comisión.

**94. ¿Qué Tratado se firma el 26 de febrero de 2001?**

a) Lisboa.
b) Niza.
c) Ámsterdam.
d) Maastricht.

**95. El Presidente del Consejo Europeo es elegido por:**

a) El propio Consejo Europeo por mayoría cualificada por dos años y medio.
b) El propio Consejo Europeo por consenso por dos años y medio.
c) El propio Consejo Europeo por unanimidad por dos años y medio.
d) El Consejo de la Unión Europea por mayoría cualificada por dos años y medio.

**96. De acuerdo con el artículo 15.6 del TUE, sin perjuicio de las atribuciones del Alto Representante de la Unión para Asuntos Exteriores y Política de Seguridad, ¿quién asumirá, de acuerdo con el TUE, en su rango y condición, la representación exterior de la Unión en los asuntos de política exterior y de seguridad común?**

a) El Consejo Europeo.
b) El Presidente del Consejo Europeo.
c) El Presidente de la Comisión.
d) El Consejo.

**97. ¿Qué formación del Consejo preparará las reuniones del Consejo Europeo?**

a) El Consejo de Asuntos Generales.
b) El Consejo de Representantes Permanentes.
c) El Consejo de Política General.
d) El Consejo de Relaciones Generales.

**98. El Consejo se divide en:**

a) Formaciones.
b) Direcciones Generales.
c) Ministerios.
d) Secretarías Generales.

**99. El Consejo se reunirá en público:**

a) En todo caso.
b) Cuando delibere y vote sobre un proyecto de acto legislativo.
c) Para asuntos de política exterior.
d) En los asuntos que así lo acuerde el propio Consejo.

**100. ¿Quién se encargará de preparar los trabajos del Consejo?**

a) La Comisión.
b) Un Comité de Representantes Permanentes de los Gobiernos de los Estados miembros.
c) Un Consejo de Representantes Permanentes de los Gobiernos de los Estados miembros.
d) Los embajadores de los Estados miembros.

**101. España tiene en la actualidad los siguientes Diputados al Parlamento Europeo:**

a) 50.
b) 59.
c) 65.
d) 61.

**102. ¿Qué Institución promoverá el interés general de la Unión y tomará las iniciativas adecuadas con este fin?**

a) El Consejo.
b) El Consejo Europeo.
c) La Comisión.
d) El Parlamento.

**103. El Tratado de Lisboa:**

a) Modifica los dos textos fundamentales de la UE: el Tratado de la Unión Europea y el Tratado constitutivo de la Comunidad Europea.
b) El Tratado Constitutivo pasará a llamarse Tratado de Funcionamiento de la Unión Europea.
c) Entrará en vigor el 1 de diciembre de 2010
d) Las respuestas a) y b) son verdaderas.

**104. Son normas de resultado y un instrumento para armonizar las legislaciones de los Estados miembros:**

a) Reglamento.
b) Directivas.
c) Decisiones.
d) Todas son verdaderas.

**105. Excepto cuando los Tratados dispongan otra cosa, los actos legislativos de la Unión solo podrán adoptarse a propuesta:**

a) De la Comisión.
b) Del Parlamento.
c) Del Consejo.
d) Del Consejo Europeo.

**106. ¿Qué Institución tiene una responsabilidad colegiada ante el Parlamento?**

a) El Consejo.
b) El Consejo Europeo.
c) La Comisión.
d) Todos ellas.

**107. Tendrá un alcance general, será obligatorio en todos sus elementos y directamente aplicable en cada Estado miembro:**

a) Reglamento.
b) Directiva.
c) Decisiones.
d) Todas son verdaderas.

**108. Son normas de resultado y un instrumento para armonizar las legislaciones de los Estados miembros:**

a) Reglamento.
b) Directiva.
c) Decisiones.
d) Todas son verdaderas.

**109. En España corresponderá transponer la Directiva:**

a) Al Estado o a las Comunidades Autónomas de acuerdo con sus competencias, aunque el responsable del cumplimiento ante la CE será el Estado español.
b) Al Estado.
c) A las Comunidades Autónomas.
d) Al Estado, Comunidades Autónomas y Entidades Locales.

**110. Señala la respuesta correcta:**

a) La Decisión será obligatoria en todos sus elementos para todos sus destinatarios.
b) La Decisión tiene carácter limitado, puesto que aunque es obligatoria, no suele tener carácter general sino que va dirigida a destinatarios concretos.

c) La Decisión tiene destinatarios determinados, con la particularidad de que estos no son necesariamente Estados, sino que también pueden serlo los particulares.
d) Todas son verdaderas.

**111. Las Recomendaciones y los Dictámenes:**

a) Serán vinculantes.
b) No serán vinculantes.
c) Las Recomendaciones serán vinculantes y los Dictámenes nunca.
d) Las Recomendaciones nunca serán vinculantes y los Dictámenes serán vinculantes.

**112. Desde un punto de vista material, un Reglamento equivaldría en la legislación nacional española a:**

a) Una Ley.
b) Un Real Decreto.
c) Una Orden.
d) Cualquiera de ellos.

**113. Que el Reglamento tiene alcance general significa que su ámbito de aplicación se extiende a:**

a) Las Instituciones.
b) Estados miembros.
c) Personas físicas y jurídicas, cualquiera que sea su naturaleza y el ámbito de funciones.
d) Todas son verdaderas.

**114. El Reglamento:**

a) Prevalece sobre cualquier norma estatal, excepto a la Constitución.
b) Prevalece sobre cualquier norma estatal.
c) Como norma, no cabe alegarlo ante los Tribunales.
d) Todas son falsas.

**115. La Directiva:**

a) En principio no tiene efecto directo.
b) Tiene efecto directo.
c) No tiene carácter obligatorio.
d) Como norma no precisa de su transposición al derecho interno de cada Estado.

**116. La Directiva:**

a) Tiene alcance general.
b) Sus destinatarios son concretos.

c) Los destinatarios tienen que ser todos los Estados miembros a la vez

d) Son de aplicación en todo caso a todos los particulares residentes en la Unión.

**117. El Derecho derivado que pueden dictar las Instituciones se denomina:**

a) Reglamento.

b) Directivas.

c) Decisiones.

d) Todas son verdaderas.

# Solución al test n.º 2

**1.** a) El Tribunal de Justicia, el Tribunal General y los tribunales especializados.

**2.** a) Un representante de cada Estado miembro, de rango ministerial, facultado para comprometer al Gobierno del Estado miembro al que represente y para ejercer el derecho de voto.

**3.** c) Mayoría cualificada.

**4.** c) La Comisión.

**5.** c) El Consejo Europeo, por mayoría cualificada.

**6.** b) El Parlamento Europeo, el Consejo y la Comisión estarán asistidos por un Comité Económico y Social y por un Comité de las Regiones que ejercerán funciones consultivas.

**7.** d) Todas las respuestas son verdaderas.

**8.** c) Cinco años.

**9.** a) Conjuntamente por el Consejo y el Parlamento, por un procedimiento especial.

**10.** a) La representación de cada miembro ante la UE.

**11.** a) 14.

**12.** a) 5 años.

**13.** b) Bruselas.

**14.** b) Renovable.

**15.** d) Por mayoría del número de miembros.

**16.** a) Luxemburgo.

**17.** d) Todas las respuestas son verdaderas.

**18.** a) La circunscripción electoral sea única para todo el territorio nacional.

**19.** a) El Consejo.

**20.** a) Solamente los nacionales de los Estados miembros podrán ser miembros de la Comisión.

**21.** d) Todas las respuestas son verdaderas.

**22.** a) Todo miembro de la Comisión que deje de reunir las condiciones necesarias para el ejercicio de sus funciones o haya cometido una falta grave podrá ser cesado por el Tribunal de Justicia, a instancia del Consejo, por mayoría simple, o de la Comisión.

**23.** a) Un juez por Estado miembro y 11 abogados generales.

**24.** b) Cinco años.

**25.** b) Polonia.

**26.** d) La tercera parte de los diputados que integran el Parlamento.

**27.** d) 23 diputados, que representen al menos a una cuarta parte de los Estados miembros.

**28.** d) Dos años y medio, prorrogable por otros dos años y medio.

**29.** c) El Defensor del Pueblo.

**30.** b) Consejo.

**31.** b) Se reunirá sin necesidad de previa convocatoria el segundo martes de marzo.

**32.** a) Estrasburgo (Francia).

**33.** b) Cualquier ciudadano de la Unión, así como cualquier persona física o jurídica que resida o tenga su domicilio social en un Estado miembro.

**34.** a) Su número no excederá de setecientos cincuenta, más el Presidente.

**35.** b) Solo podrá pronunciarse sobre dicha moción transcurridos tres días como mínimo desde la fecha de su presentación y en votación pública.

**36.** d) El Parlamento Europeo, el Consejo, la Comisión, el Tribunal de Justicia, el Tribunal de Cuentas, el Banco Central Europeo y el Consejo Europeo.

**37.** b) El Consejo.

**38.** a) Si la moción de censura es aprobada por mayoría de dos tercios de los votos emitidos que representen, a su vez, la mayoría de los diputados que componen el Parlamento Europeo, los miembros de la Comisión deberán dimitir colectivamente de sus cargos y el Alto Representante de la Unión para Asuntos Exteriores y Política de Seguridad deberá dimitir del cargo que ejerce en la Comisión.

**39.** a) Seis.

**40.** b) Mayoría simple.

**41.** a) Como un mínimo del 55 % de los miembros del Consejo que incluya al menos a quince de ellos, que represente a Estados miembros que reúnan como mínimo el 65 % de la población de la Unión.

**42.** a) El Consejo de Asuntos Generales y el Consejo de Asuntos Exteriores.

**43.** c) Un número de miembros correspondiente a los dos tercios del número de Estados miembros, a menos que el Consejo Europeo decida por unanimidad modificar dicho número.

**44.** a) Al menos 4 países, que representen, como mínimo, al 35 % de la población total de la UE.

**45.** c) Tres años y su mandato será renovable.

**46.** c) Una Secretaría General.

**47.** d) Todas son verdaderas.

**48.** d) El Comité Económico y Social tendrá su sede en La Haya.

**49.** a) Al Consejo de la Unión Europea.

**50.** c) La duración del periodo de sesiones será de un año.

**51.** a) Es rotatoria cada 6 meses.

**52.** b) Con excepción de la de Asuntos Exteriores, será desempeñada por los representantes de los Estados miembros en el Consejo mediante un sistema de rotación igual.

**53.** a) El Consejo de Asuntos Exteriores.

**54.** d) Todas las respuestas son verdaderas.

**55.** d) Por mayoría simple, podrá pedir a la Comisión que proceda a efectuar todos los estudios que él considere oportunos para la consecución de los objetivos comunes y que le someta las propuestas pertinentes. Si la Comisión no presenta propuesta alguna, comunicará las razones al Consejo.

**56.** c) De entre personalidades que ofrezcan plenas garantías de independencia.

**57.** a) El Presidente.

**58.** d) El Consejo Europeo, por mayoría cualificada.

**59.** d) Una cooperación leal.

**60.** c) Serán estructuradas y repartidas entre sus miembros por el Presidente.

**61.** b) La Comisión.

**62.** c) 6 y 96.

**63.** a) No inscritos.

**64.** b) 5.

**65.** d) Todas ellas.

**66.** a) Cualquier ciudadano de la Unión, así como cualquier persona física o jurídica que resida o tenga su domicilio social en un Estado miembro, tendrá derecho a presentar al Parlamento Europeo, individualmente o asociado con otros ciudadanos o personas, una petición sobre un asunto propio de los ámbitos de actuación de la Unión que le afecte directamente.

**67.** a) Un mínimo del 72 % de los miembros del Consejo.

**68.** a) Parlamento Europeo.

**69.** d) 720, incluido el Presidente

**70.** d) Acta Única.

**71.** d) Los jueces del Tribunal de Justicia.

**72.** c) El Alto Representante de la Unión para Asuntos Exteriores y Política de Seguridad.

**73.** b) Como votos en contra.

**74.** b) Dos por cada Estado.

**75.** a) Los Jefes de Estado o de Gobierno de los Estados miembros, así como por su Presidente y por el Presidente de la Comisión. Participará en sus trabajos el Alto Representante de la Unión para Asuntos Exteriores y Política de Seguridad.

**76.** b) Tiene 720 diputados, incluido el Presidente,

**77.** d) Todas las respuestas son verdaderas.

**78.** b) Dos veces por semestre por convocatoria de su Presidente.

**79.** c) El del Consejo Europeo.

**80.** b)El Consejo de Competitividad y Transparencia

**81.** b) No ejercerá función legislativa alguna.

**82.** a) Universal, directo, libre y secreto.

**83.** a) Su Presidente.

**84.** c) Su mandato será renovable por una sola vez.

**85.** a) Consenso.

**86.** c) Un acto jurídico vinculante que puede tener un ámbito de aplicación general o estar dirigido a un destinatario concreto.

**87.** a) Abril, junio y octubre.

**88.** a)6

**89.** c) Si la directiva es clara y detallada puede generar derechos aunque no esté transpuesta al Ordenamiento interno.

**90.** b) Por el Consejo Europeo por unanimidad, a iniciativa del Parlamento Europeo y con su aprobación.

**91.** c) El Consejo Europeo.

**92.** c) El Consejo Europeo.

**93.** a) Cuando la situación lo exija.

**94.** b) Niza.

**95.** a) El propio Consejo Europeo por mayoría cualificada por dos años y medio.

**96.** b) El Presidente del Consejo Europeo.

**97.** a) El Consejo de Asuntos Generales.

**98.** a) Formaciones.

**99.** b) Cuando delibere y vote sobre un proyecto de acto legislativo.

**100.** b) Un Comité de Representantes Permanentes de los Gobiernos de los Estados miembros.

**101.** d) 61.

**102.** c) La Comisión.

**103.** d) Las respuestas a) y b) son verdaderas.

**104.** b) Directivas.

**105.** a) De la Comisión.

**106.** c) La Comisión.

**107.** a) Reglamento.

**108.** b) Directiva.

**109.** a) Al Estado o a las Comunidades Autónomas de acuerdo con sus competencias, aunque el responsable del cumplimiento ante la CE será el Estado español.

**110.** d) Todas son verdaderas.

**111.** b) No serán vinculantes.

**112.** a) Una Ley.

**113.** d) Todas son verdaderas.

**114.** b) Prevalece sobre cualquier norma estatal.

**115.** a) En principio no tiene efecto directo.

**116.** b) Sus destinatarios son concretos.

**117.** d) Todas son verdaderas.

# TEST N.º 3

## La Ley Orgánica de Reintegración y Amejoramiento del Régimen Foral de Navarra: naturaleza y significado. El Título Preliminar. Las competencias de Navarra

**1. La Ley Orgánica de Reintegración y Amejoramiento del Régimen Foral de Navarra fue sancionada por el Rey el día:**

a) 26 de enero de 1979.
b) 13 de octubre de 1968.
c) 10 de agosto de 1982.
d) 8 de marzo de 1982.

**2. La LORAFNA es de naturaleza:**

a) Pactada.
b) Unilateral.
c) Paccionada.
d) Las respuestas a) y c) son ciertas.

**3. ¿Cómo se denomina el Título III de la LORAFNA?**

a) Facultades y competencias de Navarra.
b) De la Reforma.
c) De las Instituciones Forales de Navarra.
d) Disposiciones Generales.

**4. De acuerdo con el artículo 1 de la LORAFNA, Navarra constituye:**

a) Una Provincia Foral.
b) Un Reino Foral.
c) Una Comunidad Foral.
d) Una Comunidad federal.

**5. La Ley Orgánica de Reintegración y Amejoramiento del Régimen Foral de Navarra es de:**

a) 11 de abril de 1983.
b) 10 de agosto de 1982.
c) 1 de marzo de 1973.
d) 16 de agosto de 1841.

**6. A los efectos de la Ley Orgánica 13/1982, ostentarán la condición política de navarros:**

a) Los extranjeros que tengan la vecindad administrativa en cualquiera de los municipios de Navarra.
b) Los españoles que tengan la vecindad administrativa en cualquiera de los municipios de Navarra.
c) Los españoles residentes en el extranjero que hayan tenido en Navarra su última vecindad administrativa.
d) Las tres opciones anteriores son ciertas.

**7. Conforme a la LORAFNA, los navarros tendrán:**

a) Distintos derechos, libertades y deberes fundamentales que los demás españoles.
b) Los mismos derechos, libertades y deberes fundamentales que los demás españoles.
c) Los mismos derechos y libertades fundamentales que los demás españoles, pero distintos deberes fundamentales.
d) Los mismos deberes fundamentales, pero distintos derechos y libertades fundamentales.

**8. De acuerdo con la LORAFNA, los derechos originarios e históricos de la Comunidad Foral de Navarra serán respetados y amparados por los poderes públicos con arreglo a:**

a) La Ley de 25 de octubre de 1839, la Ley Paccionada de 16 de agosto de 1841 y disposiciones complementarias.
b) La Ley Orgánica 13/1982, de 10 de agosto.
c) La Constitución Española de 1978 de conformidad con lo previsto en el párrafo primero de su disposición adicional primera.
d) Las tres opciones anteriores son ciertas.

**9. El Amejoramiento, en los términos de la Ley Orgánica 13/1982, tiene por objeto integrar en el Régimen Foral de Navarra todas aquellas facultades y competencias compatibles con:**

a) La unidad constitucional.
b) La voluntad constitucional.

c) La voluntad consuetudinaria.
d) La unidad foral.

**10. ¿Cuántos artículos tiene la LORAFNA?**

a) 61.
b) 77.
c) 81.
d) 70.

**11. El Título de la LORAFNA «Facultades y competencias de Navarra» va después del Título:**

a) De la Reforma.
b) De las Instituciones Forales de Navarra.
c) Facultades y competencias del Estado.
d) Disposiciones Generales.

**12. Conforme a la LORAFNA, el vascuence:**

a) No tendrá carácter de lengua oficial en ninguna zona de Navarra.
b) Tendrá carácter de lengua oficial en toda Navarra.
c) Tendrá carácter de lengua oficial en las zonas vascoparlantes de Navarra.
d) Es la lengua oficial de Navarra.

**13. ¿Entre qué años discurrió el proceso de elaboración de la LORAFNA?**

a) 1975-1978.
b) 1979-1982.
c) 1980-1981.
d) 1977-1982.

**14. En toda Navarra:**

a) El castellano es la lengua oficial.
b) El vascuence tendrá carácter de lengua oficial.
c) El vascuence tendrá carácter de lengua cooficial.
d) Las respuestas a) y c) son ciertas.

**15. El territorio de la Comunidad Foral de Navarra está integrado por el de los municipios comprendidos en sus Merindades históricas en el momento de promulgarse la LORAFNA, de:**

a) Pamplona, Estella, Tudela, Tafalla y Sangüesa.
b) Pamplona, Estella, Tudela, Sangüesa y Olite.

c) Pamplona, Tudela, Sangüesa y Olite.
d) Pamplona, Tudela, Estella, Sangüesa y Viana.

## 16. El Amejoramiento del Fuero:

a) Tiene Título Preliminar y 2 Títulos más.
b) Tiene Título Preliminar y 3 Títulos más.
c) Tiene Título Preliminar y 4 Títulos más.
d) No tiene Título Preliminar.

## 17. El Título Preliminar del Amejoramiento del Fuero es el relativo a:

a) Las Instituciones Forales de Navarra.
b) Las Facultades y Competencias de Navarra.
c) Sus Disposiciones Generales.
d) Su Reforma.

## 18. Se dice que Navarra constituye una Comunidad Foral en:

a) El artículo 1 de la Constitución Española.
b) La Disposición Adicional Primera de la Constitución Española.
c) El artículo 1 de la LORAFNA.
d) La Disposición Adicional Primera de la LORAFNA.

## 19. Navarra constituye una Comunidad Foral con:

a) Régimen propio.
b) Autonomía.
c) Instituciones propias.
d) Las tres opciones anteriores son ciertas.

## 20. El Título "De la reforma" de la LORAFNA:

a) Es el siguiente al Título Preliminar.
b) Es el siguiente al Título "Competencias y facultades de Navarra".
c) Es el anterior al Título "Competencias y facultades de Navarra".
d) Es el anterior al Título "De las Instituciones forales de Navarra".

## 21. La Ley Orgánica 13/1982 es de naturaleza:

a) Impositiva por el Estado.
b) Impositiva por Navarra.
c) Paccionada entre el Estado y Navarra.
d) Ninguna de las opciones anteriores es cierta.

**22. El vascuence tendrá carácter de lengua oficial en:**

a) La Zona Sur de Navarra.
b) La Zona Media de Navarra.
c) Las zonas vascoparlantes de Navarra.
d) Toda Navarra.

**23. ¿Con qué norma se inició el proceso de reintegración y amejoramiento del régimen foral de Navarra?**

a) Con la Ley de 1 de marzo de 1973.
b) Con la Constitución Española de 1978.
c) Con el Real Decreto de 26 de enero de 1979.
d) Con la Ley Orgánica 13/1982, de 10 de agosto.

**24. A los efectos de la LORAFNA, ostentarán la condición política de navarros los españoles que, de acuerdo con las leyes generales del Estado, tengan:**

a) La condición civil foral navarra.
b) La condición civil foral o la vecindad administrativa navarra.
c) La condición civil foral y la vecindad administrativa navarra.
d) La vecindad administrativa en cualquiera de los municipios de Navarra.

**25. Según el artículo 1 de la Ley Orgánica 13/1982, Navarra constituye una Comunidad Foral:**

a) Con instituciones compartidas con el Estado.
b) Solidaria con sus pueblos más desfavorecidos.
c) Integrada en la Unión Europea.
d) Indivisible.

**26. No corresponde a la Comunidad Foral, en las materias que son competencia exclusiva de Navarra, una de las siguientes potestades:**

a) Legislativa.
b) Reglamentaria.
c) Administrativa, incluida la inspección.
d) Revisora en la vía judicial.

**27. En virtud de su régimen foral, la actividad tributaria y financiera de Navarra se regulará por el sistema tradicional de:**

a) El Convenio Exclusivo.
b) El Convenio Económico.

c) El Convenio Colectivo.
d) El Acuerdo Económico.

**28. En virtud de su régimen foral, corresponde a Navarra la competencia exclusiva sobre:**

a) Régimen jurídico de la Diputación Foral.
b) Régimen estatutario de los funcionarios públicos de la Comunidad Foral, respetando los derechos y obligaciones esenciales que la legislación básica del Estado reconozca a los funcionarios públicos.
c) Normas de procedimiento administrativo que se deriven de las especialidades del Derecho sustantivo o de la organización propios de Navarra.
d) Las tres opciones anteriores son ciertas.

**29. Dirigirá la Administración del Estado en Navarra y la coordinará, cuando proceda, con la Administración Foral:**

a) El Defensor del Pueblo.
b) El Presidente del Gobierno de Navarra.
c) Un delegado nombrado por el Gobierno de Navarra.
d) Un delegado nombrado por el Gobierno de la Nación.

**30. La competencia de los órganos jurisdiccionales radicados en Navarra se extiende a todas las instancias y grados en:**

a) El orden civil.
b) El orden penal.
c) El orden social.
d) Las tres respuestas anteriores son ciertas.

**31. En Navarra existe actualmente:**

a) Un Tribunal Supremo.
b) Un Consejo Real.
c) Un Tribunal Superior de Justicia.
d) Las respuestas a) y c) son ciertas.

**32. Un Delegado nombrado por el Gobierno de la Nación:**

a) Dirigirá la Administración del Estado en Navarra.
b) Dirigirá la Administración Foral de Navarra.
c) Coordinará, cuando proceda, la Administración del Estado con la Administración Foral.
d) Las opciones a) y c) son ciertas.

**33. En las materias que sean competencia exclusiva de Navarra, corresponde a la Comunidad Foral la potestad:**

a) Administrativa y revisora en la vía administrativa, exclusivamente.
b) Reglamentaria, exclusivamente.
c) De desarrollo legislativo, pero no la legislativa.
d) Legislativa.

**34. En defecto de Derecho navarro, en las materias de competencia exclusiva de la Comunidad Foral se aplicará supletoriamente:**

a) El Derecho del Estado.
b) El Derecho Comunitario.
c) El Derecho Internacional.
d) Las tres opciones anteriores son ciertas.

**35. El régimen estatutario de los funcionarios públicos de la Comunidad Foral de Navarra:**

a) Es competencia exclusiva del Estado.
b) Es competencia exclusiva de Navarra, respetando los derechos y obligaciones esenciales que la legislación básica del Estado reconozca a los funcionarios públicos.
c) Es competencia exclusiva de Navarra, respetando todos los derechos y obligaciones que la legislación básica del Estado reconozca a los funcionarios públicos.
d) Es competencia exclusiva de Navarra e independiente de la legislación básica del Estado sobre los funcionarios públicos.

**36. En las materias que sean competencia exclusiva de Navarra, corresponde a la Comunidad Foral:**

a) La potestad legislativa, pero no la reglamentaria.
b) La potestad de desarrollo legislativo, pero no la legislativa.
c) La potestad reglamentaria, pero no la legislativa.
d) La potestad legislativa.

# Solución al test n.º 3

**1.** c) 10 de agosto de 1982.

**2.** d) Las respuestas a) y c) son ciertas.

**3.** b) De la Reforma.

**4.** c) Una Comunidad Foral.

**5.** b) 10 de agosto de 1982.

**6.** b) Los españoles que tengan la vecindad administrativa en cualquiera de los municipios de Navarra.

**7.** b) Los mismos derechos, libertades y deberes fundamentales que los demás españoles.

**8.** d) Las tres opciones anteriores son ciertas.

**9.** a) La unidad constitucional.

**10.** b) 77.

**11.** b) De las Instituciones Forales de Navarra.

**12.** c) Tendrá carácter de lengua oficial en las zonas vascoparlantes de Navarra.

**13.** b) 1979-1982.

**14.** a) El castellano es la lengua oficial.

**15.** b) Pamplona, Estella, Tudela, Sangüesa y Olite.

**16.** b) Tiene Título Preliminar y 3 Títulos más.

**17.** c) Sus Disposiciones Generales.

**18.** c) El artículo 1 de la LORAFNA.

**19.** d) Las tres opciones anteriores son ciertas.

**20.** b) Es el siguiente al Título "Competencias y facultades de Navarra".

**21.** c) Paccionada entre el Estado y Navarra.

**22.** c) Las zonas vascoparlantes de Navarra.

**23.** c) Con el Real Decreto de 26 de enero de 1979.

**24.** d) La vecindad administrativa en cualquiera de los municipios de Navarra.

**25.** d) Indivisible.

**26.** d) Revisora en la vía judicial.

**27.** b) El Convenio Económico.

**28.** d) Las tres opciones anteriores son ciertas.

**29.** d) Un delegado nombrado por el Gobierno de la Nación.

**30.** a) El orden civil.

**31.** c) Un Tribunal Superior de Justicia.

**32.** d) Las opciones a) y c) son ciertas.

**33** d) Legislativa.

**34.** a) El Derecho del Estado.

**35.** b) Es competencia exclusiva de Navarra, respetando los derechos y obligaciones esenciales que la legislación básica del Estado reconozca a los funcionarios públicos.

**36.** d) La potestad legislativa.

# TEST N.º 4

**El Parlamento o Cortes de Navarra: composición, organización y funciones. La Cámara de Comptos de Navarra: ámbito de competencia, funciones y órganos. El Defensor del Pueblo de la Comunidad Foral de Navarra: funciones, procedimiento y resoluciones**

**1. El Parlamento de Navarra:**

a) Representa al pueblo navarro.
b) Ejerce la potestad legislativa.
c) Aprueba los Presupuestos y las Cuentas de Navarra.
d) Las tres respuestas anteriores son ciertas.

**2. No es función del Parlamento de Navarra:**

a) Impulsar y controlar la acción de la Diputación Foral.
b) Designar a los Senadores que correspondan a Navarra como Comunidad Foral.
c) Elaborar los Presupuestos Generales de Navarra.
d) Aprobar los Presupuestos Generales de Navarra.

**3. La reforma del Reglamento del Parlamento de Navarra precisa, en la votación final sobre el conjunto del proyecto, el voto favorable de:**

a) La mayoría absoluta de los miembros del Gobierno de Navarra.
b) La mayoría simple de los miembros del Gobierno de Navarra.
c) La mayoría absoluta de los miembros del Parlamento.
d) La mayoría simple de los miembros del Parlamento.

**4. No es función del Parlamento de Navarra:**

a) Establecer su Reglamento.
b) Aprobar sus Presupuestos.
c) Elegir, de entre sus miembros, un Presidente.
d) Ejercer la potestad legislativa delegada y la autorización para refundir textos legales.

**5. El Parlamento de Navarra funciona:**

a) En Pleno y Cámaras.
b) En Pleno y Mesas.
c) Sólo en Pleno.
d) En Pleno y Comisiones.

**6. El Parlamento elegirá, de entre sus miembros:**

a) Un Presidente, una Mesa y una Comisión Plenaria.
b) Un Presidente, una Mesa y una Comisión Permanente.
c) Un Presidente, una Mesa Permanente y una Comisión Plenaria.
d) Un Presidente, una Mesa y una Comisión de Letrados.

**7. El Parlamento de Navarra se reunirá anualmente en:**

a) Dos períodos de sesiones ordinarias, que serán fijados en una Ley Foral.
b) Dos períodos de sesiones ordinarias, que serán fijados en su Reglamento.
c) Tres períodos de sesiones ordinarias, que serán fijados en una Ley Foral.
d) Cuatro períodos de sesiones ordinarias, que serán fijados en su Reglamento.

**8. El Parlamento de Navarra podrá reunirse en sesiones extraordinarias que habrán de ser convocadas por su Presidente, a petición de:**

a) Un grupo parlamentario.
b) Una sexta parte de los parlamentarios.
c) Una quinta parte de los parlamentarios.
d) La Cámara de Comptos.

**9. Corresponde al Parlamento de Navarra:**

a) La elaboración de los Presupuestos Generales de Navarra.
b) La formalización de las Cuentas Generales de Navarra.
c) La aprobación de los Presupuestos Generales de Navarra.
d) El ejercicio de la potestad legislativa delegada.

**10. El Parlamento de Navarra:**

a) Ejerce la función ejecutiva.
b) Ejerce la función ejecutiva y legislativa.
c) Ejerce la función legislativa y judicial.
d) Ejerce la potestad legislativa.

**11. La Cámara de Comptos:**

a) Depende orgánicamente del Parlamento de Navarra.
b) Depende orgánicamente de la Diputación Foral de Navarra.
c) Depende orgánicamente del Tribunal de Cuentas.
d) Es independiente orgánicamente.

**12. El Texto Refundido del Reglamento del Parlamento de Navarra actualmente en vigor fue aprobado en el año:**

a) 2001.
b) 2023.
c) 2007.
d) 2011.

**13. Las Instituciones Forales de Navarra están recogidas, dentro de la Ley Orgánica 13/1982, en el Título:**

a) Segundo.
b) Preliminar.
c) Primero.
d) Tercero.

**14. El artículo 10 del Amejoramiento del Fuero afirma que es Institución Foral de Navarra:**

a) El Presidente de la Comunidad Foral de Navarra.
b) El Presidente del Parlamento de Navarra.
c) El Presidente de la Cámara de Comptos.
d) El Defensor del Pueblo de la Comunidad Foral de Navarra.

**15. Los Presupuestos Generales de Navarra se aprobarán mediante:**

a) Orden Foral.
b) Decreto Foral.
c) Ley Foral.
d) Ley Orgánica.

**16. Las normas del Parlamento de Navarra:**

a) Se aprobarán siempre por mayoría simple.
b) Se aprobarán siempre por mayoría absoluta.
c) Se denominarán Decretos forales.
d) Se denominarán Leyes Forales.

**17. Compete al Parlamento de Navarra:**

a) La elaboración de los Presupuestos de Navarra.
b) La formalización de las Cuentas de Navarra.
c) La designación de los Senadores que pudieran corresponder a Navarra como Comunidad Foral.
d) El ejercicio de la potestad legislativa delegada.

**18. La votación final sobre el conjunto del proyecto de reforma del Reglamento del Parlamento de Navarra precisa el voto favorable de:**

a) La mayoría simple de los miembros del Parlamento.
b) La mayoría simple de los asistentes al Parlamento.
c) La mayoría absoluta de los miembros del Parlamento.
d) La mayoría absoluta de los asistentes al Parlamento.

**19. Entre las Instituciones Forales de Navarra enumeradas en el art. 10 de la LORAFNA, está:**

a) El Consejo de Navarra.
b) El Defensor del Pueblo de la Comunidad Foral.
c) La Cámara de Comptos.
d) El Presidente de la Comunidad Foral de Navarra.

**20. El Defensor del Pueblo de la Comunidad Foral de Navarra:**

a) Presentará al Gobierno de Navarra un Informe anual sobre gestión realizada.
b) Es alto comisionado del Gobierno de Navarra.
c) Es designado por el Defensor del Pueblo de la Nación.
d) Podrá estar auxiliado por un Adjunto.

**21. Crea y regula la institución del Defensor del Pueblo de la Comunidad Foral de Navarra:**

a) La Ley Foral 4/2000, de 3 de julio.
a) La Ley Foral 8/1999, de 16 de marzo.
c) La Ley Orgánica 13/1982, de 10 de agosto.
d) La Ley Foral 19/1984, de 20 de diciembre.

**22. La Cámara de Comptos tiene como función propia:**

a) Controlar las cuentas y la gestión económica del sector público de Navarra.
b) Asesorar a los ciudadanos en materias económico-financieras.
c) Controlar las cuentas del sector privado de Navarra.
d) Controlar la acción del Gobierno de Navarra.

**23. De acuerdo con la Ley Foral 4/2000, cuenta como función primordial la de salvaguardar a los ciudadanos y ciudadanas frente a los posibles abusos y negligencias de la Administración:**

a) La Cámara de Comptos.
b) El Tribunal Superior de Justicia de Navarra.
c) El Parlamento de Navarra.
d) El Defensor del Pueblo de la Comunidad Foral de Navarra.

**24. La Cámara de Comptos propiamente es un órgano:**

a) Legislativo.
b) Fiscalizador.
c) Ejecutivo.
d) Las opciones a) y b) son ciertas.

**25. Dentro de los órganos de la Cámara de Comptos no se encuentra a:**

a) Los Auditores.
b) Los Consejeros forales.
c) La Secretaría General.
d) El Presidente.

**26. Tiene como función propia asesorar al Parlamento de Navarra en materias económico-financieras:**

a) El Consejo de Navarra.
b) El Tribunal de Cuentas.
c) El Gobierno de Navarra.
d) La Cámara de Comptos

**27. La Cámara de Comptos de Navarra es:**

a) Un órgano técnico dependiente del Parlamento de Navarra.
b) El órgano fiscalizador de la gestión económica y financiera del sector público de la Comunidad Foral.
c) El órgano que aprueba los Presupuestos del Parlamento de Navarra.
d) Las opciones a) y b) son ciertas.

**28. La Cámara de Comptos tendrá como funciones propias:**

a) Controlar las cuentas y la gestión económica del sector público de Navarra.
b) Controlar al Gobierno de Navarra y asesorar en materias económicas a su Presidente.
c) Asesorar al Parlamento en materias económico-financieras.
d) Las opciones a) y c) son ciertas.

**29. La Cámara de Comptos tiene como función propia:**

a) Asesorar al Gobierno de Navarra en materias económico-financieras.
b) Controlar las cuentas del sector público de Navarra.
c) Controlar la gestión económica del sector privado de Navarra.
d) Las opciones a) y b) son ciertas.

**30. La Cámara de Comptos:**

a) Estará facultada para exigir, en el ejercicio de las funciones de control y fiscalización, de cuantos Organismos y Entidades integren el sector público navarro, los datos necesarios para el desarrollo de sus funciones.
b) Estará facultada, en el ejercicio de las funciones de control y fiscalización, para inspeccionar y comprobar toda la documentación de las oficinas públicas, en cuanto estimase necesario para el desarrollo de sus funciones.
c) Estará facultada, en el ejercicio de su función fiscalizadora, para proponer y recomendar las medidas que considere oportuno adoptar para la mejora del control del sector público de la Comunidad Foral.
d) Las tres opciones anteriores son ciertas.

**31. Podrá dirigirse al Defensor del Pueblo de la Comunidad Foral de Navarra:**

a) Toda persona natural que invoque un interés legítimo y goce de la condición política navarra.
b) Toda persona natural que invoque un interés legítimo, sea mayor de edad y tenga capacidad legal.
c) Toda persona natural que invoque un interés legítimo, sea mayor de edad y no tenga relación especial de sujeción o dependencia de una Administración o poder público.
d) Toda persona, natural o jurídica, que invoque un interés legítimo, sin restricción alguna.

**32. Cuando el Defensor del Pueblo de la Comunidad Foral de Navarra, en razón del ejercicio de las funciones propias de su cargo, tenga conocimiento de una conducta o hechos presuntamente delictivos, lo pondrá en inmediato conocimiento:**

a) Del Presidente del Parlamento de Navarra.
c) De la Presidenta o Presidente del Gobierno de Navarra.
d) Del Presidente del Tribunal Superior de Justicia de Navarra.
d) Del Ministerio Fiscal.

**33. ¿Están obligados los poderes públicos y organismos de la Comunidad Foral a auxiliar al Defensor del Pueblo de la Comunidad Foral de Navarra en sus investigaciones e inspecciones?**

a) No.
b) No, salvo en algunas excepciones.

c) Sí, con carácter preferente y urgente.
d) Sí, pero no con carácter urgente.

**34. ¿El Defensor del Pueblo de Navarra puede llegar a imponer multas coerciti-vas a Administraciones o entidades que, en el ejercicio de sus funciones, no remitan la documentación requerida por él, aunque hayan sido apercibidas para que lo ha-gan en el plazo de diez días?**

a) No.
b) Sí, de 3.000 euros.
c) Sí, de 1.500 euros.
d) Sí, de 1.000 euros.

**35. Admitida una queja por el Defensor del Pueblo de la Comunidad Foral de Nava-rra y tras promover la oportuna investigación sumaria e informal para el esclarecimien-to de los supuestos de la misma, ¿en qué plazo dará cuenta del contenido sustancial de la solicitud al organismo o a la dependencia administrativa procedente, con el fin de que por su jefe o un superior, se remita informe escrito, declaración o documentación?**

a) 10 días.
b) 15 días.
c) 20 días.
d) Un mes.

**36. De acuerdo con la Ley Foral de la Cámara de Comptos de Navarra, ¿qué tipo de control tendrá como finalidad determinar el grado en que se hayan conseguido los objetivos previstos, analizando las posibles desviaciones que se hayan podido producir y las causas que las originen?**

a) El de economía.
b) El de eficiencia.
c) El de eficacia.
d) El de legalidad.

**37. El Presidente de la Cámara de Comptos será nombrado:**

a) Por el Gobierno de Navarra por un período de cuatro años.
b) Por el Gobierno de Navarra por un período de cinco años.
c) Por el Parlamento de Navarra por un período de cinco años.
d) Por el Parlamento de Navarra por un período de seis años.

**38. ¿Cuál de las siguientes funciones es, previa audiencia de los Auditores, del Presidente de la Cámara de Comptos?**

a) Realizar el control de las cuentas y la gestión económica del sector público de la Comunidad Foral.
b) Elaborar el presupuesto anual de la Cámara.

c) Aprobar el programa anual de fiscalización a desarrollar por la Cámara.

d) Presentar al Parlamento la memoria anual de las actividades de la Cámara.

### 39. Es falso que, entre los órganos de la Cámara de Comptos, esté/n:

a) Los Auditores.

b) Los Consejeros forales.

c) La Secretaría General.

d) El Presidente.

# Solución al test n.º 4

**1.** d) Las tres respuestas anteriores son ciertas.

**2.** c) Elaborar los Presupuestos Generales de Navarra.

**3.** c) La mayoría absoluta de los miembros del Parlamento.

**4.** d) Ejercer la potestad legislativa delegada y de la autorización para refundir textos legales.

**5.** d) En Pleno y Comisiones.

**6.** b) Un Presidente, una Mesa y una Comisión Permanente.

**7.** b) Dos períodos de sesiones ordinarias, que serán fijados en su Reglamento.

**8.** c) Una quinta parte de los parlamentarios.

**9.** c) La aprobación de los Presupuestos Generales de Navarra.

**10.** d) Ejerce la potestad legislativa.

**11.** a) Que depende orgánicamente del Parlamento de Navarra.

**12.** b) 2023.

**13.** c) Primero.

**14.** a) El Presidente de la Comunidad Foral de Navarra.

**15.** c) Ley Foral.

**16.** d) Se denominarán Leyes Forales.

**17.** c) La designación de los Senadores que pudieran corresponder a Navarra como Comunidad Foral.

**18.** c) La mayoría absoluta de los miembros del Parlamento.

**19.** a) El Presidente de la Comunidad Foral de Navarra.

**20.** d) Podrá estar auxiliado por un Adjunto.

**21.** a) La Ley Foral 4/2000, de 3 de julio.

**22.** a) Controlar las cuentas y la gestión económica del sector público de Navarra.

**23.** d) El Defensor del Pueblo de la Comunidad Foral de Navarra.

**24.** b) Fiscalizador.

**25.** b) Los Consejeros forales.

**26.** d) La Cámara de Comptos.

**27.** d) Las opciones a) y b) son ciertas.

**28.** d) Las opciones a) y c) son ciertas.

**29.** b) Controlar las cuentas del sector público de Navarra.

**30.** d) Las tres opciones anteriores son ciertas.

**31.** d) Toda persona, natural o jurídica, que invoque un interés legítimo, sin restricción alguna.

**32.** d) Del Ministerio Fiscal.

**33.** c) Sí, con carácter preferente y urgente.

**34.** c) Sí, de 1.500 euros.

**35.** b) 15 días.

**36.** c) El de eficacia.

**37.** d) Por el Parlamento de Navarra por un período de seis años.

**38.** c) Aprobar el programa anual de fiscalización a desarrollar por la Cámara.

**39.** b) Los Consejeros forales.

# TEST N.º 5

**El Gobierno de Navarra: funciones. Composición, nombramiento, constitución y cese. Atribuciones y competencias. Funcionamiento. Órganos de asistencia y apoyo. Responsabilidad política, control parlamentario y disolución del Parlamento. La Presidenta o Presidente del Gobierno de Navarra. Las Vicepresidentas o Vicepresidentes y las Consejeras o Consejeros del Gobierno de Navarra**

**1. Corresponde a la Presidenta o Presidente del Gobierno de Navarra ostentar:**

a) La más alta representación de la Comunidad Foral.
b) La más alta representación del Estado en Navarra.
c) La representación ordinaria del Estado en Navarra.
d) Las opciones a) y c) son ciertas.

**2. El Presidente del Gobierno de Navarra puede designar a:**

a) Uno o varios Vicepresidentes, sean o no Consejeros.
b) Uno o varios Vicepresidentes, de entre los Consejeros.
c) Un máximo de dos Vicepresidentes, de entre los Consejeros.
d) Un máximo de tres Vicepresidentes, de entre los Consejeros.

**3. Cuando cese el Gobierno de Navarra, continuará en funciones hasta la toma de posesión del nuevo Gobierno, pudiendo:**

a) Ejercer la iniciativa legislativa, en cualquier caso.
b) Ejercer las delegaciones legislativas otorgadas por el Parlamento de Navarra, con excepción de las referentes a los Decretos Forales Legislativos de armonización tributaria.
c) Ejercer las delegaciones legislativas otorgadas por el Parlamento de Navarra referentes a los Decretos Forales Legislativos de armonización tributaria.
d) Ejercer cualesquiera delegaciones legislativas otorgadas por el Parlamento de Navarra.

**4. Corresponde defender la integridad del régimen foral de Navarra:**

a) Al Gobierno de Navarra.
b) Al Presidente de la Comunidad Foral de Navarra.
c) A la Cámara de Comptos.
d) A la Comisión de Coordinación.

**5. Corresponde elaborar los Presupuestos Generales de Navarra:**

a) Al Parlamento de Navarra.
b) Al Gobierno de Navarra.
c) Al Presidente del Gobierno de Navarra.
d) A la Cámara de Comptos.

**6. ¿Puede la Presidenta o Presidente de la Comunidad Foral de Navarra acordar la disolución del Parlamento de Navarra con anticipación al término natural de la legislatura?**

a) No, en ningún caso.
b) Sí, en cualquier caso.
c) Sí, con la única salvedad de que se encuentre en tramitación una moción de censura.
d) Sí, bajo su exclusiva responsabilidad y previa deliberación del Gobierno de Navarra, salvo en determinados casos.

**7. El Gobierno de Navarra precisa de la previa autorización del Parlamento de Navarra para:**

a) Aprobar los proyectos de Ley.
b) Emitir Deuda Pública.
c) Nombrar a los altos cargos de la Administración de la Comunidad Foral.
d) Aprobar los proyectos de Presupuestos Generales de Navarra.

**8. El Gobierno de Navarra:**

a) Ejerce la potestad reglamentaria.
b) Aprueba las Leyes Forales.
c) Fiscaliza la gestión económica y financiera del sector público de la Comunidad Foral.
d) Dirige la Administración del Estado en Navarra.

**9. La Presidenta o Presidente de la Comunidad Foral de Navarra, una vez elegido, es nombrado por:**

a) El Delegado del Gobierno de la Nación.
b) El Parlamento de Navarra.
c) El Presidente del Parlamento de Navarra.
d) El Rey.

**10. La Presidenta o Presidente de la Comunidad Foral de Navarra será elegido por:**

a) El Rey.
b) El Parlamento de Navarra, de entre sus miembros.
c) El Parlamento de Navarra, de entre sus miembros o no.
d) El pueblo navarro, en las elecciones al Parlamento de Navarra.

**11. Ostenta la más alta representación de la Comunidad Foral:**

a) El Presidente del Parlamento de Navarra.
b) El Defensor del Pueblo de la Comunidad Foral de Navarra.
c) El Presidente de la Comunidad Foral de Navarra.
d) El Presidente del Gobierno nacional.

**12. La Presidenta o Presidente de la Comunidad Foral:**

a) Nombra y cesa a las Consejeras o Consejeros.
c) Nombra y cesa a los Parlamentarios forales.
b) Nombra y cesa al Presidente del Parlamento de Navarra.
d) Nombra y cesa a los Senadores que pudieran corresponder a Navarra como Comunidad Foral.

**13. Para resultar investido, el candidato a Presidente de la Comunidad Foral de Navarra deberá obtener, en la votación inicial de los miembros del Parlamento:**

a) Mayoría simple.
b) Mayoría absoluta.
c) Mayoría de dos tercios.
d) Mayoría de tres quintos.

**14. El Presidente de la Comunidad Foral de Navarra ostenta:**

a) La dirección de la Administración del Estado en Navarra.
b) La representación de la Comunidad Foral de Navarra, en sustitución del Presidente del Parlamento de Navarra.
c) La más alta representación de la Comunidad Foral y la coordinación de la Administración del Estado con la Administración Foral.
d) La más alta representación de la Comunidad Foral y la ordinaria del Estado en Navarra.

**15. La segunda votación para la elección de Presidente de la Comunidad Foral de Navarra:**

a) Se realizará 48 horas después de la primera.
b) Requerirá mayoría absoluta para el otorgamiento de la confianza al candidato.

c) Requerirá mayoría simple para el otorgamiento de la confianza al candidato.
d) Las opciones a) y c) son ciertas.

### 16. El Presidente de la Comunidad Foral de Navarra:

a) Designa y separa a los Diputados forales.
b) Dirige la acción del Parlamento de Navarra.
c) Designa y separa a los Parlamentarios forales.
d) Dirige la acción del Gobierno y del Parlamento de Navarra.

### 17. El Presidente y los Diputados forales:

a) Nunca responden directamente ante el Parlamento de su gestión política.
b) Responden sólo de forma solidaria ante el Parlamento de su gestión política.
c) Responden sólo de forma directa ante el Parlamento de su gestión política.
d) Responden solidariamente ante el Parlamento de su gestión política.

### 18. Cuando el Presidente de la Comunidad Foral de Navarra plantee ante el Parlamento de Navarra la cuestión de confianza sobre su programa de actuación, la confianza se entenderá otorgada cuando vote a favor de la misma, como mínimo:

a) La quinta parte del número de miembros del Parlamento.
b) La cuarta parte del número de miembros del Parlamento.
c) La mayoría simple de los parlamentarios forales.
d) La mayoría absoluta de los parlamentarios forales.

### 19. La moción de censura al Gobierno de Navarra:

a) Se aprueba por mayoría simple.
b) Se aprueba por mayoría absoluta.
c) Una vez aprobada, implica la celebración de nuevas elecciones.
d) Las opciones b) y c) son ciertas.

### 20. Responden solidariamente ante el Parlamento de Navarra de su gestión política, sin perjuicio de la responsabilidad directa en su gestión:

a) Sólo los parlamentarios forales.
b) El Presidente del Parlamento de Navarra y el Presidente de la Comunidad Foral de Navarra.
c) El Presidente de la Comunidad Foral de Navarra y los Diputados forales.
d) Sólo los Diputados forales.

### 21. Si el Parlamento de Navarra aprueba una moción de censura a la Diputación:

a) El Presidente de la Diputación tendrá la facultad de dimitir o no.
b) A continuación, el Presidente de la Diputación podrá plantear al Parlamento de Navarra una cuestión de confianza para ver si se ratifica en su postura.

c) El Presidente de la Diputación presentará inmediatamente su dimisión.

d) Ninguna de las opciones anteriores es cierta.

**22. Los Decretos Forales Legislativos son:**

a) Normas del Parlamento de Navarra.

b) Normas con rango de Ley Foral.

c) Normas con rango inferior al de la Leyes Forales pero superior al de los Reglamentos.

d) Normas de rango reglamentario.

**23. Es cierto, en relación a Vicepresidente/s o Vicepresidenta/s del Gobierno de Navarra, que:**

a) La Presidenta o Presidente del Gobierno de Navarra puede nombrar a uno/a, o a varios/as.

b) Sustituirá/n y suplirá/n a la Presidenta o Presidente del Gobierno de Navarra, por su orden, en casos de ausencia, enfermedad o impedimento permanente para el ejercicio de su cargo.

c) Su estatuto personal y su cese se rigen por lo que disponen dos Capítulos Título II de la Ley Foral 11/2019.

d) Carece/n de régimen de incompatibilidades.

**24. Es falso que, entre las causas para el cese de Consejeras o Consejeros del Gobierno de Navarra, esté:**

a) Separación de su cargo, decidida libremente por la Presidenta o Presidente del Parlamento de Navarra.

b) Cese de la Presidenta o Presidente del Gobierno.

c) Sentencia judicial firme de incapacitación.

d) Sentencia judicial firme que lleve aparejada la inhabilitación para el ejercicio de su cargo.

**25. En falso decir, en relación a las Consejeras o Consejeros del Gobierno de Navarra, que:**

a) Su suplencia se determinará por la Presidenta o Presidente del Gobierno de Navarra, mediante Decreto Foral Legislativo.

b) Sólo pueden ser suplidas o suplidos, en los casos determinados por la Ley Foral 14/2004, por otras Consejeras o Consejeros.

c) Al cesar en su cargo, tienen derecho a las indemnizaciones que se determinen, con sus correspondientes incompatibilidades.

d) Su responsabilidad criminal será exigible, en su caso, ante la correspondiente Sala del Tribunal Supremo.

**26. El Gobierno de Navarra:**

a) Para el ejercicio de sus funciones, se reunirá periódicamente, previa convocatoria de su Presidenta o Presidente, a la que se acompañará el orden del día de la sesión.

b) Para el ejercicio de sus funciones, se reunirá periódicamente, previa convocatoria de su Presidenta o Presidente, sin necesidad de remitir orden del día.

c) Para el ejercicio de sus funciones, se reunirá periódicamente, sin necesidad de previa convocatoria de su Presidenta o Presidente.

d) Podrá reunirse por decisión de la Presidenta o Presidente o cuando existan causas urgentes, remitiendo el orden del día de la sesión.

# Solución al test n.º 5

**1.** d) Las opciones a) y c) son ciertas.

**2.** b) Uno o varios Vicepresidentes, de entre los Consejeros.

**3.** c) Ejercer las delegaciones legislativas otorgadas por el Parlamento de Navarra referentes a los Decretos Forales Legislativos de armonización tributaria.

**4.** a) Al Gobierno de Navarra.

**5.** b) Al Gobierno de Navarra.

**6.** d) Sí, bajo su exclusiva responsabilidad y previa deliberación del Gobierno de Navarra, salvo en determinados casos.

**7.** b) Emitir Deuda Pública.

**8.** a) Ejerce la potestad reglamentaria.

**9.** d) El Rey.

**10.** b) El Parlamento de Navarra, de entre sus miembros.

**11.** c) El Presidente de la Comunidad Foral de Navarra.

**12.** a) Nombra y cesa a las Consejeras o Consejeros.

**13.** b) Mayoría absoluta.

**14.** d) La más alta representación de la Comunidad Foral y la ordinaria del Estado en Navarra.

**15.** c) Requerirá mayoría simple para el otorgamiento de la confianza al candidato.

**16.** a) Designa y separa a los Diputados forales.

**17.** d) Responden solidariamente ante el Parlamento de su gestión política.

**18.** c) La mayoría simple de los parlamentarios forales.

**19.** b) Se aprueba por mayoría absoluta.

**20.** c) El Presidente de la Comunidad Foral de Navarra y los Diputados forales.

**21.** c) El Presidente de la Diputación presentará inmediatamente su dimisión.

**22.** b) Normas con rango de Ley Foral.

**23.** a) La Presidenta o Presidente del Gobierno de Navarra puede nombrar a uno/a, o a varios/as.

**24.** a) Separación de su cargo, decidida libremente por la Presidenta o Presidente del Parlamento de Navarra.

**25.** a) Su suplencia se determinará por la Presidenta o Presidente del Gobierno de Navarra, mediante Decreto Foral Legislativo.

**26.** a) Para el ejercicio de sus funciones, se reunirá periódicamente, previa convocatoria de su Presidenta o Presidente, a la que se acompañará el orden del día de la sesión.

# TEST N.º 6

**Las fuentes del Derecho: la jerarquía de las fuentes.
La Ley. Las disposiciones del ejecutivo con rango de ley.
La iniciativa legislativa y potestad para dictar normas
con rango de ley. El reglamento: concepto, clases y límites.
La potestad reglamentaria del Gobierno**

**1. Señala cuál de las siguientes es una fuente indirecta de nuestro Derecho Administrativo:**

a) Los Reglamentos.
b) La Jurisprudencia.
c) Los Principios Generales del Derecho.
d) La Costumbre.

**2. ¿Qué tipo de fuente del Derecho Administrativo son los Reglamentos del Presidente del Gobierno?**

a) Directa.
b) Indirecta.
c) Directa subsidiaria.
d) No son fuente de nuestro Derecho Administrativo.

**3. ¿A quién atribuye la Constitución Española la titularidad de la potestad legislativa?**

a) Únicamente al Estado.
b) A las Cortes Generales exclusivamente.
c) Al Estado y las Comunidades Autónomas.
d) Al Estado, a las Comunidades Autónomas y a las Corporaciones Locales.

**4. ¿A quién atribuye el art. 91 de la Carta Magna la potestad para ordenar la inmediata publicación de las leyes aprobadas por las Cortes Generales?**

a) Al Rey.
b) Al Presidente del Gobierno.

c) Al Presidente del Congreso de los Diputados.
d) Al Presidente de la Mesa de la Cámara Baja.

**5. ¿Cómo se denominan las leyes por las que las Cortes Generales, en materia de competencia estatal, pueden atribuir a todas o a alguna de las Comunidades Autónomas la facultad de dictar, para sí mismas, normas legislativas en el marco de los principios, bases y directrices fijados por una ley estatal?**

a) Leyes orgánicas.
b) Leyes ordinarias.
c) Leyes marco.
d) Leyes de armonización.

**6. ¿En qué plazo sancionará el Rey las leyes aprobadas por las Cortes Generales?**

a) Un mes.
b) Veinte días.
c) Quince días.
d) Diez días.

**7. ¿Qué órgano de los siguientes promulga las leyes?**

a) El Rey.
b) El Presidente del Gobierno.
c) Las Cortes Generales.
d) El Presidente del Congreso.

**8. ¿Qué son los decretos legislativos?**

a) Disposiciones del Gobierno sobre derechos y deberes fundamentales.
b) Disposiciones de las cortes que contienen delegación legislativa.
c) Disposiciones del Poder Judicial que contienen delegación legislativa.
d) Disposiciones del Gobierno que contienen legislación delegada.

**9. En caso de extraordinaria y urgente necesidad, ¿qué disposición legislativa provisional podrá dictar el Gobierno?**

a) Decreto Legislativo.
b) Ley de Bases.
c) Ley Orgánica.
d) Decreto-Ley.

**10. Los Decretos-Leyes deberán de ser inmediatamente sometidos a debate y votación de totalidad:**

a) Al Senado.
b) Al Gobierno.

c) Al Congreso de los Diputados.
d) Todas las anteriores son correctas.

**11. Cuando las Asambleas de las CC AA remitan a la Mesa del Congreso una proposición de ley, delegarán ante dicha cámara para su defensa:**

a) Un máximo de 2 miembros de la Asamblea.
b) Un máximo de 3 miembros de la Asamblea.
c) Un máximo de 4 miembros de la Asamblea.
d) Un máximo de 5 miembros de la Asamblea.

**12. ¿Qué ley regulará las formas de ejercicio y requisitos de la iniciativa popular para la presentación de las proposiciones de ley?**

a) Una Ley de Bases.
b) Una Ley ordinaria.
c) Una Ley Orgánica.
d) Todas son correctas.

**13. En caso de iniciativa legislativa popular, el número de firmas necesarias será de:**

a) 250.000 firmas acreditadas.
b) 500.000 firmas acreditadas.
c) 1.000.000 firmas acreditadas.
d) 1.250.000 firmas acreditadas.

**14. No procederá la iniciativa legislativa popular en materias:**

a) Propias de ley orgánica.
b) Tributarias o internacionales.
c) En lo relativo a la prerrogativa de gracia.
d) Todas las anteriores son correctas.

**15. ¿De qué plazo dispone el Senado para, mediante mensaje motivado, oponer su veto o introducir enmiendas a un proyecto de ley ordinaria u orgánica?**

a) Veinte días, a partir del día de la recepción del texto.
b) Un mes, a partir del día de la recepción del texto.
c) Dos meses, a partir del día de la recepción del texto.
d) Tres meses, a partir del día de la recepción del texto.

**16. El plazo ordinario de que el Senado dispone para vetar o enmendar el proyecto se reducirá en los proyectos declarados urgentes por el Gobierno o por el Congreso de los Diputados a:**

a) Veinte días hábiles.
b) Veinte días naturales.

c) Quince días naturales.

d) Quince días hábiles.

**17. El art. 129 de la Ley 39/2015, de 1 de octubre, del Procedimiento Administrativo Común de las Administraciones Públicas dispone que en el ejercicio de la iniciativa legislativa y la potestad reglamentaria, las Administraciones Públicas actuarán de acuerdo con los principios de:**

a) Legalidad, necesidad, eficacia, eficiencia, transparencia, e igualdad.

b) Legalidad, objetividad, necesidad, eficacia y eficiencia.

c) Necesidad, transparencia, objetividad, proporcionalidad, y eficacia.

d) Necesidad, eficacia, proporcionalidad, seguridad jurídica, transparencia, y eficiencia.

**18. ¿En virtud de qué principio, la iniciativa normativa debe evitar cargas administrativas innecesarias o accesorias y racionalizar, en su aplicación, la gestión de los recursos públicos?**

a) En aplicación del principio de eficiencia.

b) En aplicación del principio de transparencia.

c) En aplicación del principio de proporcionalidad.

d) En aplicación del principio de necesidad.

**19. ¿En virtud de qué principio o principios, la iniciativa normativa debe estar justificada por una razón de interés general, basarse en una identificación clara de los fines perseguidos y ser el instrumento más adecuado para garantizar su consecución?**

a) En virtud de los principios de necesidad y eficacia.

b) En virtud de los principios de objetividad y proporcionalidad.

c) En virtud de los principios de seguridad y necesidad.

d) En virtud de los principios de transparencia y eficiencia.

**20. Por la relación existente entre los reglamentos y la ley, GARRIDO FALLA y ENTRENA CUESTA, clasifican los Reglamentos en:**

a) Dependientes o independientes.

b) Ejecutivos e Independientes.

c) Internos y externos.

d) Estatales, autonómicos, locales e institucionales.

**21. Como consecuencia del principio de reserva de ley, la Administración no podrá, por vía reglamentaria:**

a) Establecer y exigir prestaciones personales obligatorias.

b) Establecer ni imponer penas.

c) Establecer tributos.

d) Todas las respuestas son correctas.

**22. La fase de recogida de firmas de la iniciativa popular deberá hacerse en el plazo de:**

a) Seis meses, prorrogable por otros dos meses más.

b) Seis meses improrrogables.

c) Nueve meses, prorrogable por otros tres meses más.

d) Nueve meses improrrogables.

**23. Señala cuál de las siguientes no es una fuente directa del Derecho Administrativo:**

a) Los Decretos-Leyes.

b) Los Principios Generales del Derecho.

c) Los Reglamentos del Presidente del Gobierno.

d) La Constitución.

**24. El artículo 1.6.º del Código Civil establece que la jurisprudencia complementará el ordenamiento jurídico con la doctrina que, de modo reiterado, establezca:**

a) El Tribunal Constitucional.

b) La Audiencia Nacional.

c) El Tribunal Supremo.

d) Los Tribunales Superiores de Justicia.

**25. ¿Quiénes son en España, tras la Constitución, los titulares de la potestad legislativa?**

a) El Estado.

b) Las Comunidades Autónomas.

c) Las Corporaciones Locales.

d) Las respuestas a) y b) son correctas.

**26. Las Asambleas de las Comunidades Autónomas podrán solicitar del Gobierno la adopción de un proyecto de ley o remitir a la Mesa del Congreso una proposición de ley, delegando ante dicha Cámara:**

a) Un máximo de dos miembros de la Asamblea encargados de su defensa.

b) Un máximo de tres miembros de la Asamblea encargados de su defensa.

c) Un máximo de cinco miembros de la Asamblea encargados de su defensa.

d) Un máximo de siete miembros de la Asamblea encargados de su defensa.

**27. Una Ley Orgánica regulará las formas de ejercicio y requisitos de la iniciativa popular para la presentación de proposiciones de ley. En todo caso se exigirán no menos de:**

a) 50.000 firmas acreditadas.
b) 100.000 firmas acreditadas.
c) 250.000 firmas acreditadas.
d) 500.000 firmas acreditadas.

**28. ¿En qué materias no procede la iniciativa popular para la presentación de proposiciones de ley?**

a) En materias tributarias.
b) En materias propias de ley orgánica.
c) En materias de carácter internacional.
d) Todas las respuestas son correctas.

**29. ¿A quién corresponde elevar al Consejo de Ministros el Plan Anual Normativo para su aprobación?**

a) Al Presidente del Gobierno.
b) Al Ministro de la Presidencia, Justicia y Relaciones con las Cortes.
c) Al Ministro del Interior.
d) Al Vicepresidente del Gobierno.

**30. El/la Ministro/a competente elevará el Plan al Consejo de Ministros para su aprobación antes de:**

a) El 30 de abril.
b) El 1 de mayo.
c) El 30 de junio.
d) El 31 de diciembre.

**31. Conforme dispone el artículo 86 de la CE, en caso de extraordinaria y urgente necesidad, el Gobierno podrá dictar disposiciones legislativas provisionales que tomarán la forma de:**

a) Leyes Orgánicas.
b) Decretos–Leyes.
c) Decretos Legislativos.
d) Reglamentos.

**32. Los Decretos–Leyes deberán ser inmediatamente sometidos a debate y votación de totalidad al Congreso de los Diputados, convocado al efecto si no estuviere reunido, en el plazo de:**

a) Los treinta días siguientes a su promulgación.
b) Los veinte días siguientes a su promulgación.
c) Los quince días siguientes a su promulgación.
d) Los diez días siguientes a su promulgación.

**33. Las disposiciones del Gobierno que contengan legislación delegada recibirán el título de:**

a) Leyes Orgánicas.
b) Decretos–Leyes.
c) Decretos Legislativos.
d) Reglamentos.

**34. Los Juzgados y Tribunales del orden contencioso-administrativo conocerán:**

a) De las pretensiones que se deduzcan en relación con la actuación de las Administraciones Públicas sujeta al Derecho Administrativo.
b) Con las disposiciones generales de rango inferior a la ley.
c) Con los Decretos Legislativos cuando excedan los límites de la delegación.
d) Todas las respuestas son correctas.

**35. Señala la respuesta incorrecta respecto al Reglamento:**

a) El Reglamento consiste en un acto normativo dictado por la Administración en virtud de su competencia propia.
b) El Reglamento es toda disposición jurídica de carácter general dictada por la Administración Pública y con valor subordinado a la ley.
c) Por su contenido, son normas de Derecho subjetivo, de rango inferior al de las leyes.
d) Por su procedencia, al emanar de la Administración, están sometidos al principio de legalidad y son susceptibles, en su caso, de ser fiscalizados por la Jurisdicción Contencioso-Administrativa.

**36. ¿En virtud de qué principio, la iniciativa normativa debe evitar cargas administrativas innecesarias o accesorias y racionalizar, en su aplicación, la gestión de los recursos públicos?**

a) En aplicación del principio de transparencia.
b) En aplicación del principio de eficacia.
c) En aplicación del principio de eficiencia.
d) En aplicación del principio de seguridad jurídica.

**37. Por la relación existente entre los Reglamentos y la ley, cabe distinguir entre:**

a) Reglamentos Ejecutivos y Reglamentos Independientes.
b) Reglamentos Normativos y Reglamentos Legislativos.
c) Reglamentos Simples y Reglamentos Complejos.
d) Reglamentos Internos y Reglamentos Externos.

**38. Como consecuencia del principio de reserva de ley, la Administración no podrá, por vía reglamentaria:**

a) Establecer ni imponer penas.
b) Establecer tributos ni otro tipo de exacciones, tasas, cánones, derechos de propaganda, ni otras cargas similares.
c) Establecer y exigir prestaciones personales obligatorias.
d) Todas las respuestas anteriores son correctas.

**39. ¿En virtud de qué principio las Administraciones Públicas posibilitarán el acceso sencillo, universal y actualizado a la normativa en vigor y los documentos propios de su proceso de elaboración, en los términos establecidos en el artículo 7 de la Ley 19/2013, de 9 de diciembre, de Transparencia, acceso a la Información Pública y Buen Gobierno?**

a) En aplicación del principio de transparencia.
b) En aplicación del principio de eficacia.
c) En aplicación del principio de eficiencia.
d) En aplicación del principio de seguridad jurídica.

**40. Las Administraciones Públicas, en el ámbito de sus competencias, publicarán:**

a) Los documentos que, conforme a la legislación sectorial vigente, deban ser sometidos a un período de información pública durante su tramitación.
b) Las directrices, instrucciones, acuerdos, circulares o respuestas a consultas planteadas por los particulares u otros órganos en la medida en que supongan una interpretación del Derecho o tengan efectos jurídicos.
c) Los Anteproyectos de Ley y los proyectos de Decretos Legislativos cuya iniciativa les corresponda, cuando se soliciten los dictámenes a los órganos consultivos correspondientes.
d) Todas las respuestas anteriores son correctas.

**41. ¿Con qué periodicidad, las Administraciones Públicas harán público un Plan Normativo que contendrá las iniciativas legales o reglamentarias que vayan a ser elevadas para su aprobación en el año siguiente?**

a) Anualmente.
b) Semestralmente.

c) Trimestralmente.
d) Mensualmente.

**42. Por razón del sujeto que los dicta, los Reglamentos podrán ser:**

a) Públicos y privados.
b) Únicos y múltiples.
c) Estatales, autonómicos, locales e institucionales.
d) Políticos e institucionales.

**43. ¿Cómo se denominan los Reglamentos dictados por las Autoridades administrativas en caso de emergencia?**

a) Reglamentos excepcionales.
b) Reglamentos de necesidad.
c) Reglamentos *contra legem*.
d) Las respuestas b) y c) son correctas.

**44. Los Reglamentos tienen el límite formal de que han de ser elaborados siguiendo el procedimiento establecido al respecto, so pena de:**

a) Anulabilidad.
b) Nulidad.
c) Ilegitimidad.
d) Irregularidad.

**45. ¿Cómo se denominan los Reglamentos que agotan su eficacia en el ámbito de la propia Administración, sin que regulen o repercutan en relaciones entre esta y los particulares o entre los Entes Públicos?**

a) Internos.
b) Propios.
c) Simples.
d) Únicos.

**46. El Código Penal, aprobado por la Ley Orgánica 10/1995, de 23 de noviembre, establece en su artículo 506 que la autoridad o funcionario público que, careciendo de atribuciones para ello, dictare una disposición general o suspendiere su ejecución, será castigado con la pena de:**

a) Multa de seis a doce meses.
b) Prisión de uno a tres años.
c) Multa de seis a doce meses e inhabilitación especial para empleo o cargo público por tiempo de seis a doce años.
d) Prisión de uno a tres años, multa de seis a doce meses e inhabilitación especial para empleo o cargo público por tiempo de seis a doce años.

**47. Indica cuál de las siguientes es una fuente indirecta del Derecho Administrativo:**

a) La costumbre.
b) Los Reglamentos.
c) Los Tratados Internacionales.
d) Las leyes ordinarias.

**48. ¿De qué plazo dispone el Rey para sancionar las leyes aprobadas por las Cortes Generales?**

a) De un mes.
b) De veinte días.
c) De quince días.
d) De siete días.

**49. ¿A quién corresponde la sanción y promulgación de las leyes de las Comunidades Autónomas?**

a) Al Rey.
b) Al Presidente de cada una de ellas, en nombre de la Comunidad.
c) Al Presidente de cada una de ellas, en nombre del Rey.
d) Al Presidente del Parlamento Autonómico.

**50. A tenor del artículo 81.1.º CE, son Leyes Orgánicas:**

a) Las que regulen el régimen electoral general.
b) Las relativas al desarrollo de los derechos fundamentales y de las libertades públicas.
c) Las que aprueben los Estatutos de Autonomía.
d) Todas las respuestas son correctas.

# Solución al test n.º 6

**1.** b) La Jurisprudencia.

**2.** a) Directa.

**3.** c) Al Estado y las Comunidades Autónomas.

**4.** a) Al Rey.

**5.** c) Leyes marco.

**6.** c) Quince días.

**7.** a) El Rey.

**8.** d) Disposiciones del Gobierno que contienen legislación delegada.

**9.** d) Decreto-Ley.

**10.** c) Al Congreso de los Diputados.

**11.** b) Un máximo de 3 miembros de la Asamblea.

**12.** c) Una Ley Orgánica.

**13.** b) 500.000 firmas acreditadas.

**14.** d) Todas las anteriores son correctas.

**15.** c) Dos meses, a partir del día de la recepción del texto.

**16.** b) Veinte días naturales.

**17.** d) Necesidad, eficacia, proporcionalidad, seguridad jurídica, transparencia, y eficiencia.

**18.** a) En aplicación del principio de eficiencia.

**19.** a) En virtud de los principios de necesidad y eficacia.

**20.** b) Ejecutivos e Independientes.

**21.** d) Todas las respuestas son correctas.

**22.** c) Nueve meses, prorrogable por otros tres meses más.

**23.** b) Los Principios Generales del Derecho.

**24.** c) El Tribunal Supremo.

**25.** d) Las respuestas a) y b) son correctas.

**26.** b) Un máximo de tres miembros de la Asamblea encargados de su defensa.

**27.** d) 500.000 firmas acreditadas.

**28.** d) Todas las respuestas son correctas.

**29.** b) Al Ministro de la Presidencia, Justicia y Relaciones con las Cortes.

**30.** a) El 30 de abril.

**31.** b) Decretos–Leyes.

**32.** a) Los treinta días siguientes a su promulgación.

**33.** c) Decretos Legislativos.

**34.** d) Todas las respuestas son correctas.

**35.** c) Por su contenido, son normas de Derecho subjetivo, de rango inferior al de las leyes.

**36.** c) En aplicación del principio de eficiencia.

**37.** a) Reglamentos Ejecutivos y Reglamentos Independientes.

**38.** d) Todas las respuestas son correctas.

**39.** a) En aplicación del principio de transparencia.

**40.** d) Todas las respuestas anteriores son correctas.

**41.** a) Anualmente.

**42.** c) Estatales, autonómicos, locales e institucionales.

**43.** d) Las respuestas b) y c) son correctas.

**44.** b) Nulidad.

**45.** a) Internos.

**46.** d) Prisión de uno a tres años, multa de seis a doce meses e inhabilitación especial para empleo o cargo público por tiempo de seis a doce años.

**47.** c) Los Tratados Internacionales.

**48.** c) De quince días.

**49.** c) Al Presidente de cada una de ellas, en nombre del Rey.

**50.** d) Todas las respuestas son correctas.

**La Ley Foral 11/2019, de 11 de marzo, de la Administración de la Comunidad Foral de Navarra y del Sector Público Institucional Foral. Título I: "Disposiciones Generales". Título II: Capítulo I "Administración Pública Foral". Capítulo II "De la organización de la Administración Pública Foral". Capítulo III "Régimen jurídico del ejercicio de las competencias". Capítulo IV "Órganos colegiados". Título III: Capítulo I "Organización de la Administración de la Comunidad Foral de Navarra". Título VI: Capítulo I "Derechos de las personas"**

**1. La Ley Foral de la Administración de la Comunidad Foral de Navarra y del Sector Público Institucional Foral es:**

a) La Ley Foral 11/2019.
b) La Ley Foral 15/2004.
c) La Ley Foral 14/2004.
d) La Ley Foral 23/1983.

**2. Dentro de la Ley Foral de la Administración de la Comunidad Foral de Navarra y del Sector Público Institucional Foral, se denomina "Disposiciones generales":**

a) El Título I.
b) El Título II.
c) El Título III.
d) El Título IV.

**3. El capítulo del Título III de la Ley Foral 11/2019 se denomina:**

a) "Órganos colegiados".
b) "Organización de la Administración de la Comunidad Foral de Navarra".
c) "De la organización de la Administración Pública Foral".
d) "Régimen jurídico del ejercicio de las competencias".

**4. Es falso decir que la Administración Pública Foral gozará, en el ejercicio de sus competencias, de:**

a) La potestad expropiatoria.
b) La potestad sancionadora.
c) La potestad de autoorganización.
d) La potestad legislativa.

**5. Navarra, sobre el régimen jurídico de la Diputación Foral, de su Administración y de los entes públicos dependientes de la misma, garantizando el tratamiento igual de los administrados ante las Administraciones Públicas, tiene:**

a) Competencia exclusiva.
b) Competencia de desarrollo reglamentario, no legislativa.
c) Competencia de ejecución, exclusivamente.
d) Administrativa, incluida la inspección, y revisora en vía administrativa, exclusivamente.

**6. Regula la organización, el funcionamiento y el régimen jurídico de la Administración de la Comunidad Foral de Navarra y del Sector Público Institucional Foral:**

a) La Ley Foral 14/2004.
b) La Ley Foral 15/2004.
c) La Ley Foral 11/2019.
d) La Ley Foral 11/2007.

**7. ¿Qué norma atribuye a la Comunidad Foral competencia exclusiva, en virtud de su régimen foral, sobre las normas de procedimiento administrativo y, en su caso, económico-administrativo que se deriven de las especialidades del Derecho sustantivo o de la organización propios de Navarra?**

a) La Constitución Española.
b) La Ley Orgánica 13/1982, de 10 de agosto.
c) La Ley Foral 11/2019, de 11 de marzo.
d) La Ley Foral 15/2004, de 3 de diciembre.

**8. Es falso decir que:**

a) La Administración de la Comunidad Foral de Navarra está constituida por órganos jerárquicamente ordenados.
b) La Administración de la Comunidad Foral de Navarra actúa con personalidad jurídica única para el cumplimiento de sus fines.
c) La Administración de la Comunidad Foral de Navarra sirve, bajo la dirección del Parlamento de Navarra, con objetividad los intereses generales.
d) Los organismos públicos y entidades de Derecho Público vinculados o dependientes de la Administración de la Comunidad Foral de Navarra tienen personalidad jurídica plena en sus relaciones con terceros.

**9. El artículo 5 de la Ley Foral de la Administración de la Comunidad Foral de Navarra y del Sector Público Institucional Foral, se denomina:**

a) "Personalidad jurídica de la Administración Pública Foral".
b) "Potestades y prerrogativas de la Administración Pública Foral".
c) "Relaciones ad intra y ad extra".
d) "Ámbito subjetivo".

**10. Al frente de cada Departamento de la Administración de la Comunidad Foral de Navarra se encuentra:**

a) Un órgano colegiado.
b) Un Consejero o Consejera.
c) Un Director o Directora General.
d) Una Secretaria o Secretario General Técnico.

**11. La creación, modificación, agrupación y supresión de Departamentos en que se estructura la Administración de la Comunidad Foral de Navarra, corresponde:**

a) A la Presidenta o Presidente del Gobierno de Navarra, mediante Decreto Foral.
b) Al Parlamento de Navarra, mediante Ley Foral.
c) Al Gobierno de Navarra, mediante Decreto Foral.
d) Ninguna de las tres respuestas anteriores es cierta.

**12. Son órganos superiores de la Administración Pública Foral:**

a) El Gobierno de Navarra, su Presidenta o Presidente, las Vicepresidentas o Vicepresidentes en su caso, las Consejeras y Consejeros, y las Directoras o Directores Generales.
b) El Gobierno de Navarra, su Presidenta o Presidente, las Vicepresidentas o Vicepresidentes en su caso, y las Consejeras y Consejeros.
c) El Gobierno de Navarra, su Presidenta o Presidente y las Vicepresidentas o Vicepresidentes en su caso, exclusivamente.
d) El Gobierno de Navarra y su Presidenta o Presidente, exclusivamente.

**13. El incumplimiento de las instrucciones y órdenes de servicio de los órganos de la Administración Pública Foral que dirijan las actividades de los jerárquicamente dependientes:**

a) Afecta por sí solo a la validez de los actos dictados por los órganos administrativos.
b) No afecta por sí solo a la validez de los actos dictados por los órganos administrativos.
c) Podrá hacer incurrir, en su caso, en responsabilidad disciplinaria.
d) Las respuestas b) y c) son ciertas.

**14. Conforme a la Ley Foral de la Administración de la Comunidad Foral de Navarra y del Sector Público Institucional Foral, los Servicios podrán organizarse en:**

a) Secciones, Negociados y otras unidades de rango inferior al de Sección.
b) Direcciones generales o Jefaturas.
c) Jefaturas o Negociados.
d) Organismos Autónomos o Secciones.

**15. La Ley Foral de la Administración de la Comunidad Foral de Navarra y del Sector Público Institucional Foral:**

a) Establece el número de los Departamentos.
b) Establece el nombre de los distintos Departamentos.
c) Atribuye a la Presidenta o Presidente del Gobierno de Navarra la creación, modificación, agrupación y extinción de Departamentos, mediante decreto foral.
d) Atribuye a la Presidenta o Presidente del Gobierno de Navarra la creación, modificación, agrupación y extinción de los Departamentos por orden foral.

**16. La Ley 11/2019 dispone que cada Departamento se estructura en:**

a) Una o varias Divisiones y en una Secretaría General Técnica.
b) Una o varias Direcciones Generales y en una Secretaría General Técnica.
c) Una o varias Direcciones Generales y en una Secretaría Técnica.
d) Servicios y en una Secretaría Técnica.

**17. Conforme a la Ley Foral 11/2019, las personas titulares de la Secretarías Generales Técnicas tendrán el rango de:**

a) Directora o Director de Negociado.
b) Directora o Director de División.
c) Directora o Director de Sección.
d) Directora o Director de Servicio.

**18. Es falso decir, conforme a la Ley Foral 11/2019, que:**

a) Las decisiones administrativas de los Directores Generales serán firmadas por los mismos.
b) Los Directores Generales serán nombrados y cesados libremente mediante orden foral.
c) Los Directores Generales serán nombrados y cesados a propuesta de las personas titulares de los Departamentos competentes.
d) Las decisiones administrativas de los Directores Generales adoptarán la forma de resolución.

**19. La Ley Foral 11/2019 dispone que:**

a) No podrán existir dentro de cada Departamento órganos dependientes directamente de la persona titular del mismo.
b) La Dirección General tiene como función la dirección, la gestión y la coordinación de una o de varias áreas funcionalmente homogéneas.

c) La creación, modificación, agrupación y supresión de Direcciones Generales corresponde a la Consejera o Consejero titular del respectivo Departamento.

d) La determinación del área o áreas a las que se extenderá la competencia de cada una de las Direcciones Generales se efectúa mediante orden foral.

**20. De acuerdo con la Ley Foral 11/2019, las unidades orgánicas de carácter directivo de los Departamentos son:**

a) Los Negociados.
b) Las Secciones.
c) Las Secretarías Generales Técnicas.
d) Los Servicios.

**21. Es falso decir que, a los efectos de la Ley Foral 11/2019, tienen la consideración de Administración Pública Foral:**

a) La Administración de la Comunidad Foral de Navarra.
b) Los organismos públicos vinculados o dependientes de la Administración de la Comunidad Foral de Navarra.
c) Las entidades de derecho público vinculadas o dependientes de la Administración de la Comunidad Foral de Navarra.
d) La Administración del Estado en Navarra.

**22. Conforme a la Ley Foral 11/2019, el "derecho a la buena administración" es aquel por el que:**

a) Las personas tienen derecho al acceso igualitario a los servicios públicos, así como a un trato personalizado y adecuado.
b) Cualquier persona que establezca una relación con la Administración Pública Foral tiene derecho a ser atendido con cortesía, diligencia y confidencialidad.
c) Toda persona tiene derecho a que los órganos integrantes de la Administración Pública Foral traten sus asuntos imparcial y equitativamente y dentro de un plazo razonable.
d) Cualquier persona tiene el derecho de petición ante la Administración Pública Foral

**23. Es falso decir que las personas en sus relaciones con la Administración Pública Foral ostentan el siguiente derecho:**

a) A la protección de la buena fe y la confianza legítima.
b) Al acceso a los servicios públicos.
c) De petición.
d) A usar cualquier idioma.

**24. De acuerdo con la Ley Foral 11/2019, en relación a los procedimientos para la atención o respuesta de sugerencias, reclamaciones y quejas que se presenten por cualquier persona, relativas a la actividad o al funcionamiento de los servicios públicos de la Administración Pública Foral:**

a) En todo caso, contemplarán una contestación expresa y motivada.

b) En algunos casos, contemplarán una contestación expresa.

c) El Gobierno de Navarra establecerá un procedimiento general, sin perjuicio de los procedimientos establecidos en materias específicas.

d) Las opciones a) y c) son ciertas.

**25. Cualquier persona tiene el derecho de petición ante la Administración Pública Foral, de acuerdo con:**

a) La Constitución Española y la ley orgánica que lo regula.

b) La Ley Orgánica 3/2018, de 5 de diciembre.

c) El Derecho de la Unión Europea.

d) La legislación específica en materia de transparencia.

**26. Señalar cuál de las siguiente normas está actualmente derogada:**

a) Ley 39/2015, de 1 de octubre, del Procedimiento Administrativo Común de las Administraciones Públicas.

b) Ley 40/2015, de 1 de octubre, de Régimen Jurídico del Sector Público.

c) Ley Foral 11/2007, de 4 de abril, para la implantación de la administración electrónica en la Comunidad Foral de Navarra.

d) Ley Foral 15/2004, de 3 de diciembre, de la Administración de la Comunidad Foral de Navarra.

# Solución al test n.º 7

**1.** a) La Ley Foral 11/2019.

**2.** a) El título I.

**3.** b) "Organización de la Administración de la Comunidad Foral de Navarra".

**4.** d) La potestad legislativa.

**5.** a) Competencia exclusiva.

**6.** c) La Ley Foral 11/2019.

**7.** b) La Ley Orgánica 13/1982, de 10 de agosto.

**8.** c) La Administración de la Comunidad Foral de Navarra sirve, bajo la dirección del Parlamento de Navarra, con objetividad los intereses generales.

**9.** c) "Relaciones ad intra y ad extra".

**10.** b) Un Consejero o Consejera.

**11.** a) A la Presidenta o Presidente del Gobierno de Navarra, mediante decreto foral.

**12.** b) El Gobierno de Navarra, su Presidenta o Presidente, las Vicepresidentas o Vicepresidentes en su caso, y las Consejeras y Consejeros.

**13.** d) Las respuestas b) y c) son ciertas.

**14.** a) Secciones, Negociados y otras unidades de rango inferior al de Sección.

**15.** c) Atribuye a la Presidenta o Presidente del Gobierno de Navarra la creación, modificación, agrupación y extinción de Departamentos, mediante decreto foral.

**16.** b) Una o varias Direcciones Generales y en una Secretaría General Técnica.

**17.** d) Directora o Director de Servicio.

**18.** b) Los Directores Generales serán nombrados y cesados libremente mediante orden foral.

**19.** b) La Dirección General tiene como función la dirección, la gestión y la coordinación de una o de varias áreas funcionalmente homogéneas.

**20.** d) Los Servicios.

**21.** d) La Administración del Estado en Navarra.

**22.** c) Toda persona tiene derecho a que los órganos integrantes de la Administración Pública Foral traten sus asuntos imparcial y equitativamente y dentro de un plazo razonable.

**23.** d) A usar cualquier idioma oficial.

**24.** d) Las opciones a) y c) son ciertas.

**25.** a) La Constitución Española y la ley orgánica que lo regula.

**26.** c) Ley Foral 11/2007, de 4 de abril, para la implantación de la administración electrónica en la Comunidad Foral de Navarra.

# TEST N.º 8

**Los actos administrativos. Requisitos de los actos administrativos. Eficacia de los actos. Nulidad y anulabilidad. La revisión de los actos en vía administrativa: revisión de oficio y recursos administrativos**

**1. El contenido eventual del acto supone:**

a) Que este puede estar condicionado.
b) Que se presume en todos los actos del mismo tipo.
c) Que es connatural con el acto de que se trate.
d) Su carácter reglado.

**2. Cuando algo necesariamente forma parte de un acto administrativo, hablamos de contenido:**

a) Natural.
b) Legal.
c) Eventual.
d) Implícito.

**3. El recurso de alzada contra actos que no agotan la vía administrativa es:**

a) Extraordinario.
b) La regla general.
c) Especial.
d) Inexistente.

**4. El recurso de alzada se presentará:**

a) Ante el superior jerárquico del órgano que dictó el acto.
b) Ante el Tribunal contencioso competente.
c) Ante el órgano que dictó el acto.
d) Indistintamente, ante el órgano que dictó el acto o el superior jerárquico que deba decidirlo.

**5. El recurso extraordinario de revisión por manifiesto error de hecho, que resulte de los propios documentos incorporados al expediente, debe plantearse:**

a) A los tres meses desde que se produjo.
b) A los cuatro años desde que se conoció.
c) Dentro de los cuatro años desde la notificación del acto.
d) No puede darse nunca aisladamente.

**6. En la notificación de todo acto administrativo no es necesario que conste siempre:**

a) Su texto íntegro.
b) Los recursos que contra el mismo procedan.
c) Los motivos en que se basa la decisión.
d) El plazo de interposición de los recursos.

**7. Según que la Administración, al dictarlos, se limite a aplicar una norma que le señala claramente la decisión a adoptar en el supuesto del hecho de que se trate, o tenga libertad en la emisión de dicho acto, pudiendo optar entre diversas alternativas que la ley le ofrece, pero sin olvidar que el fin de toda su actuación es el interés general, los actos administrativos se clasifican en:**

a) Actos únicos y actos múltiples.
b) Actos de trámite y actos complejos.
c) Actos directos y actos indirectos.
d) Actos reglados y actos discrecionales.

**8. La regla general cuando un acto infringe el ordenamiento jurídico es:**

a) Su anulabilidad.
b) Su validez temporal.
c) Su nulidad relativa.
d) Las respuestas a) y c) son correctas.

**9. Las resoluciones administrativas que vulneren lo establecido en una disposición reglamentaria son:**

a) Nulas.
b) Válidas.
c) Anulables.
d) Temporalmente válidas.

**10. Las cláusulas accesorias de un acto administrativo forman parte del contenido:**

a) Natural del acto.
b) Implícito del mismo.

c) Legal del acto.
d) Eventual del acto.

**11. Según pongan fin al expediente administrativo o formen parte del mismo, como una fase del mismo, sin tener carácter resolutivo, los actos administrativos se clasifican en:**

a) Actos definitivos y actos de trámite.
b) Actos propios y actos impropios.
c) Actos básicos y actos de trámite.
d) Actos únicos y actos múltiples.

**12. La *reformatio in peius*, en materia de recursos:**

a) Se admite como regla general.
b) Solo se permite en materia sancionadora.
c) Se admite cuando el recurso está claramente infundado.
d) Está expresamente prohibida.

**13. Un acto complejo es aquel:**

a) En el que intervienen, sucesivamente, en virtud de la tutela administrativa, dos órganos administrativos.
b) Que se adopta por un órgano colegiado.
c) En cuyo proceso de elaboración se ha evacuado el dictamen de un órgano consultivo.
d) En cuya emisión de voluntad han de intervenir, como mínimo, dos órganos administrativos.

**14. Los efectos de una declaración de nulidad absoluta se producen desde:**

a) Que se notifica el acto anulatorio.
b) El momento de la declaración de la nulidad.
c) La notificación o publicación del acto anulatorio, según los casos.
d) Que se dictó el acto anulado.

**15. Los actos dictados prescindiendo total y absolutamente del procedimiento legalmente establecido o de las normas que contienen las reglas esenciales para la formación de la voluntad de los órganos colegiados, se consideran:**

a) Válidos.
b) Nulos de pleno derecho.
c) Anulables.
d) Irregulares.

**16. ¿Contra qué actos se interpone el recurso extraordinario de revisión?**

a) Contra cualquier acto administrativo.
b) Contra los actos que no agotan la vía administrativa.

c) Contra los actos que agotan la vía administrativa.
d) Contra los actos firmes exclusivamente.

**17. Según dispone el art. 41 LPACAP, las notificaciones se practicarán preferentemente:**

a) Por la vía postal.
b) Telefónicamente.
c) Por medios electrónicos.
d) Por el medio más rápido y económico para la Administración.

**18. Según provengan de un solo órgano administrativo o de dos o más órganos administrativos, los actos administrativos se clasifican en:**

a) Actos únicos y actos múltiples.
b) Actos de trámite y actos complejos.
c) Actos simples y complejos.
d) Actos básicos y actos complejos.

**19. La resolución de un recurso:**

a) Debe circunscribirse a lo solicitado por el recurrente.
b) Resolverá cuantas cuestiones se deduzcan del expediente.
c) No es necesario que se motive.
d) Debe aceptar las razones en que se fundamente el propio recurso.

**20. El procedimiento, que es la vía a través de la cual se elabora la declaración de voluntad, deseo, conocimiento o juicio de la Administración, en que consiste el acto, es un elemento del acto administrativo de tipo:**

a) Objetivo.
b) Subjetivo.
c) Formal.
d) Accidental.

**21. ¿Cuándo podrá la Administración Pública convalidar un acto administrativo?**

a) Cuando el vicio consiste en incompetencia jerárquica.
b) Cuando el vicio consiste en incompetencia funcional.
c) Cuando el vicio consiste en incompetencia territorial.
d) En ninguno de los anteriores casos.

**22. Serán motivados, con sucinta referencia de hechos y fundamentos de derecho:**

a) Los actos que se separen del criterio seguido en actuaciones precedentes o del dictamen de órganos consultivos.
b) Los actos que limiten derechos subjetivos o intereses legítimos

c) Los actos que resuelvan procedimientos de revisión de oficio de disposiciones o actos administrativos, recursos administrativos y procedimientos de arbitraje y los que declaren su inadmisión.

d) Todas las respuestas son correctas.

**23. ¿Cuándo la notificación se hará por medio de un anuncio publicado en el Boletín Oficial del Estado?**

a) Cuando se ignore el lugar de la notificación.

b) Cuando los interesados en un procedimiento sean conocidos.

c) Cuando intentada la notificación no se hubiera podido practicar.

d) Las respuestas a) y c) son correctas.

**24. ¿Qué clase de recurso se puede sustituir en determinados supuestos por procedimientos de mediación y arbitraje?**

a) El recurso de alzada.

b) El recurso de revisión.

c) El recurso de reposición.

d) Las respuestas a) y c) son ciertas.

**25. ¿Cuándo se dará la terminación presunta del recurso extraordinario de revisión?**

a) A los tres meses de su interposición.

b) Al mes de su interposición.

c) Únicamente en el supuesto de que se base en manifiesto error de derecho.

d) No cabe.

**26. El acto administrativo está sujeto al principio de legalidad:**

a) Siempre.

b) Cuando se trate de actos reglados.

c) Según los casos.

d) No necesariamente.

**27. Cuando la Administración Pública actúa como persona de Derecho Privado:**

a) Solo puede ser controlada por los Tribunales contencioso-administrativos.

b) No dicta actos administrativos.

c) Su actividad es puramente discrecional.

d) Puede actuar sin límite alguno, como cualquier particular.

**28. El interés público convierte a los actos administrativos en:**

a) Susceptibles de impugnación directa.

b) Reglados, en parte.

c) Discrecionales.
d) Nada de lo anterior.

### 29. Un acto general debe:

a) Publicarse.
b) Notificarse a los interesados.
c) Tener un contenido normativo.
d) Elaborarse por un órgano colegiado.

### 30. El acto que da fin a un expediente administrativo es un/una:

a) Propuesta.
b) Acto definitivo.
c) Informe con propuesta de resolución.
d) Acto trámite.

### 31. Un ejemplo de acto de trámite es un/una:

a) Decisión con que concluye el procedimiento.
b) Renuncia.
c) Informe emitido en un procedimiento.
d) Ninguno de ellos lo es.

### 32. Las competencias administrativas hacen referencia a/al/a las:

a) Ente administrativo de que se trate.
b) Atribuciones que por ley se conceden a una Administración Pública.
c) Atribuciones que se otorgan a un órgano administrativo.
d) Nada de lo anterior.

### 33. El contenido de un acto administrativo ha de ser:

a) Ilícito y determinado.
b) Posible y lícito.
c) Determinado o determinable e ilícito.
d) Imposible y lícito.

### 34. Las cláusulas accesorias de un acto administrativo forman parte del contenido:

a) Natural del acto.
b) Implícito del mismo.
c) Legal del acto.
d) Eventual del acto.

**35. Cuando algo necesariamente forma parte de un acto hablamos de contenido:**

a) Natural.
b) Legal.
c) Eventual.
d) Implícito.

**36. Los actos deben motivarse:**

a) Siempre.
b) Nunca.
c) Cuando decidan un procedimiento.
d) Cuando la ley lo prescriba.

**37. No tienen por qué motivarse los actos que:**

a) Resuelvan recursos.
b) Limiten derechos subjetivos.
c) Se separen del dictamen de órganos consultivos.
d) Todos los anteriores deben motivarse.

**38. En la notificación de todo acto administrativo no es necesario que conste siempre:**

a) Su texto íntegro.
b) Los recursos que contra el mismo procedan.
c) Los motivos en que se basa la decisión.
d) El plazo de interposición de los recursos.

**39. ¿En qué supuestos la notificación se hará por medio de un anuncio publicado en el Boletín Oficial del Estado?**

a) Cuando se ignore el lugar de la notificación.
b) Cuando los interesados en un procedimiento sean conocidos.
c) Cuando intentada la notificación, no se hubiera podido practicar.
d) Las respuestas a) y c) son correctas.

**40. Las resoluciones administrativas que vulneren lo establecido en una disposición reglamentaria son:**

a) Nulas.
b) Válidas.
c) Anulables.
d) Temporalmente válidas.

**41. Para que un acto tenga eficacia retroactiva es necesario que:**

a) Limite derechos de los particulares.
b) Restrinja el ejercicio de facultades de los particulares.
c) Imponga deberes u obligaciones.
d) No se lesionen derechos de otras personas.

**42. La presunción de legitimidad de los actos administrativos:**

a) No admite prueba en contrario.
b) Dependerá de lo que el propio acto establezca.
c) Puede ser objeto de impugnación por el particular.
d) Solo se da cuando la ley expresamente lo diga.

**43. Cuando la notificación se practique en el domicilio del interesado, de no hallarse presente, podrá hacerse cargo de la misma cualquier persona que se encuentre en el domicilio, haga constar su identidad y sea:**

a) Mayor de catorce años.
b) Mayor de dieciséis años.
c) Mayor de dieciocho años.
d) Mayor de veintiún años.

**44. Cuando el Delegado Provincial de una Consejería de una Comunidad Autónoma de una Provincia concreta resuelve un recurso administrativo en materia propia de la Delegación Provincial de otra Consejería de distinta Provincia, incurre en una incompetencia:**

a) Funcional y jerárquica.
b) Territorial y jerárquica.
c) Funcional y territorial.
d) Territorial exclusivamente.

**45. La incompetencia a que se refiere la pregunta anterior es de carácter:**

a) Absoluto y relativo.
b) Absoluto.
c) Relativo.
d) Jerárquico.

**46. Cuando la notificación por medios electrónicos sea de carácter obligatorio, se entenderá rechazada cuando:**

a) Hayan transcurrido veinte días naturales desde la puesta a disposición de la notificación sin que se acceda a su contenido.
b) Hayan transcurrido diez días naturales desde la puesta a disposición de la notificación sin que se acceda a su contenido.

c) Hayan transcurrido diez días hábiles desde la puesta a disposición de la notificación sin que se acceda a su contenido.

d) Hayan transcurrido veinte días hábiles desde la puesta a disposición de la notificación sin que se acceda a su contenido.

**47. Señala la respuesta incorrecta. Los actos administrativos serán objeto de publicación:**

a) Cuando así lo establezcan las normas reguladoras de cada procedimiento.
b) Cuando lo aconsejen razones de interés público apreciadas por el órgano competente.
c) Cuando el acto tenga por destinatario a una pluralidad indeterminada de personas.
d) Siempre.

**48. Los supuestos de nulidad absoluta de actos administrativos:**

a) Son la regla general en nuestro Derecho.
b) Son los recogidos en el artículo 47 de la Ley 39/2015, de 1 de octubre, del Procedimiento Administrativo Común de las Administraciones Públicas, exclusivamente.
c) Pueden establecerse expresamente por una disposición con rango de Ley.
d) Son solo los del artículo 47 citado y de otras leyes formales.

**49. Los efectos de una declaración de nulidad absoluta se producen desde:**

a) Que se notifica el acto anulatorio.
b) El momento de la declaración de la nulidad.
c) La notificación o publicación del acto anulatorio, según los casos.
d) Se dictó el acto anulado.

**50. Los defectos formales en un acto, según reconoce expresamente la ley:**

a) Lo vician con nulidad absoluta.
b) Lo vician con anulabilidad en todo caso.
c) Pueden dar lugar a la nulidad absoluta si producen indefensión.
d) Pueden dar lugar a la anulabilidad si producen indefensión.

**51. La Administración Pública podrá convalidar un acto:**

a) Si el vicio consiste en incompetencia jerárquica.
b) Si el vicio consiste en incompetencia funcional.
c) Si el vicio consiste en incompetencia territorial.
d) En ninguno de los anteriores casos.

**52. La Administración Pública no podrá convalidar un acto si el vicio consiste en:**

a) Incompetencia jerárquica.
b) La falta de una autorización.

c) Incompetencia funcional.
d) La omisión de un informe facultativo.

**53. El recurso de alzada contra actos que no agotan la vía administrativa es:**

a) Extraordinario.
b) La regla general.
c) Especial.
d) Inexistente.

**54. El recurso de reposición contra actos que no agotan la vía administrativa es:**

a) Ordinario.
b) Extraordinario.
c) Especial.
d) Inexistente.

**55. El recurso de alzada se presentará:**

a) Ante el superior jerárquico del órgano que dictó el acto.
b) Ante el Tribunal contencioso competente.
c) Ante el órgano que dictó el acto.
d) Indistintamente, ante el órgano que dictó el acto o el superior jerárquico que deba decidirlo.

**56. La resolución presunta del recurso de alzada se dará, si no recae resolución, al/a los:**

a) Quince días de interponerlo.
b) Mes de su interposición.
c) Tres meses de dictarse el acto.
d) En cualquier momento a partir del día siguiente a aquel en que, de acuerdo con su normativa específica, se produzcan los efectos del silencio administrativo.

**57. El silencio administrativo en el recurso de alzada puede ser positivo en el siguiente caso:**

a) Cuando el recurso se presentó contra un acto presunto desestimatorio de la solicitud del ciudadano.
b) Cuando perjudique al ciudadano.
c) Siempre que beneficie al interés público.
d) En ningún supuesto es positivo.

**58. El recurso extraordinario de revisión se interpone contra:**

a) Cualquier acto administrativo.
b) Actos que no agotan la vía administrativa.

c) Los actos que agotan la vía administrativa.

d) Los actos firmes exclusivamente.

**59. La terminación presunta del recurso extraordinario de revisión se dará:**

a) A los tres meses de su interposición.

b) Al mes de su interposición.

c) No cabe.

d) Solo en el supuesto de que se base en manifiesto error de derecho.

**60. El recurso extraordinario de revisión por manifiesto error de hecho debe plantearse:**

a) A los tres meses desde que se produjo.

b) A los cuatro años desde que se conoció.

c) Dentro de los cuatro años desde la notificación del acto.

d) No puede darse nunca aisladamente.

**61. Señala la respuesta incorrecta. La eficacia del acto administrativo puede cesar definitivamente por:**

a) El incumplimiento de la condición resolutoria a que pudiera estar sujeto.

b) El transcurso del plazo señalado en el acto, si estaba limitado en el tiempo.

c) La anulación o revocación del propio acto.

d) La desaparición de los presupuestos de hecho que motivaron que se dictase.

**62. Se han reinstaurado las reclamaciones económico-administrativas, como recurso administrativo propio, en los/las:**

a) Corporaciones Locales en general.

b) Municipios de régimen común.

c) Municipios de gran población.

d) Diputaciones Provinciales cuando gestionen los tributos de los Municipios de la Provincia.

**63. Para plantear un recurso administrativo:**

a) Hay que tener capacidad jurídica, sin requerirse la capacidad de obrar.

b) Basta con la capacidad de obrar.

c) Se requiere, siempre, ser titular de un derecho subjetivo afectado por el acto que se recurre.

d) Puede hacerlo quien ostente la condición de interesado.

**64. Se puede sustituir en determinados supuestos por procedimientos de mediación y arbitraje el:**

a) Recurso de alzada.

b) Recurso de revisión.

c) Recurso de reposición.
d) Las respuestas a) y c) son ciertas.

**65. Cuando una persona interpone un recurso de alzada denominándolo como recurso de revisión:**

a) Deberá desestimarse el recurso por improcedente.
b) Deberá notificársele el error para que lo subsane.
c) No se admitirá el recurso.
d) Deberá resolverse, si del propio recurso se deduce su carácter.

**66. La regla general cuando un acto infringe el ordenamiento jurídico es:**

a) Su anulabilidad.
b) Su validez temporal.
c) Su nulidad relativa.
d) Las respuestas a) y b) son correctas.

**67. El procedimiento, que es la vía a través de la cual se elabora la declaración de voluntad, deseo, conocimiento o juicio de la Administración, en que consiste el acto, es un elemento del acto administrativo de tipo:**

a) Objetivo.
b) Subjetivo.
c) Formal.
d) Accidental.

**68. Serán motivados, con sucinta referencia de hechos y fundamentos de Derecho:**

a) Los actos que se separen del criterio seguido en actuaciones precedentes o del dictamen de órganos consultivos.
b) Los actos que limiten derechos subjetivos o intereses legítimos.
c) Los actos que resuelvan procedimientos de revisión de oficio de disposiciones o actos administrativos, recursos administrativos y procedimientos de arbitraje y los que declaren su inadmisión.
d) Todas las respuestas son correctas.

**69. Como consecuencia del principio de congruencia, al resolver un recurso, la Administración Pública:**

a) Podrá agravar la situación inicial del recurrente.
b) Deberá ajustarse a las peticiones del recurrente.
c) Lo desestimará, manteniendo el acto administrativo.
d) Solo decidirá sobre las cuestiones planteadas por el recurrente sin entrar en otras que deriven del procedimiento.

**70. Pone fin a la vía administrativa un acto de un Director General de un Ministerio en la siguiente materia en la que tenga competencia:**

a) Cualquier materia.
b) Una materia que esté descentralizada.
c) De personal.
d) En ningún caso sus actos ponen fin a esta vía administrativa.

**71. El recurso de revisión es:**

a) Unitario.
b) Ordinario.
c) Especial.
d) Extraordinario.

**72. Según pongan fin al expediente administrativo o formen parte del mismo, como una fase del mismo, sin tener carácter resolutivo, los actos administrativos se clasifican en:**

a) Actos definitivos y actos de trámite.
b) Actos propios y actos impropios.
c) Actos básicos y actos de trámite.
d) Actos únicos y actos múltiples.

**73. Según que la Administración, al dictarlos, se limite a aplicar una norma que le señala claramente la decisión a adoptar en el supuesto del hecho de que se trate, o tenga libertad en la emisión de dicho acto, pudiendo optar entre diversas alternativas que la ley le ofrece, pero sin olvidar que el fin de toda su actuación es el interés general, los actos administrativos se clasifican en:**

a) Actos únicos y actos múltiples.
b) Actos de trámite y actos complejos.
c) Actos directos y actos indirectos
d) Actos reglados y actos discrecionales.

**74. Contra los actos dictados por un Tribunal de Oposiciones:**

a) No cabe recurso alguno.
b) Puede presentarse recurso de alzada ante su Presidente.
c) El recurso de alzada debe entablarse ante la autoridad que nombró al Presidente.
d) Solo es posible el recurso de revisión.

**75. No es motivo bastante para interponer un recurso de revisión que:**

a) Se haya incurrido en manifiesto error de hecho al dictar el acto.
b) Hubiere mediado cohecho en la resolución.

c) Se haya dictado por órgano manifiestamente incompetente.

d) Hayan influido documentos declarados falsos por sentencia judicial firme.

**76. Según provengan de un solo órgano administrativo o de dos o más órganos administrativos, los actos administrativos se clasifican en:**

a) Actos únicos y actos múltiples.

b) Actos de trámite y actos complejos.

c) Actos simples y complejos.

d) Actos básicos y actos complejos.

**77. Para que pueda entablarse un recurso extraordinario de revisión por error de hecho, este:**

a) Ha de ser declarado por sentencia judicial firme.

b) Ha de haberse adoptado por cohecho.

c) Ha de derivar de documentos habidos en el expediente.

d) Nada de lo anterior es cierto.

**78. La revocación por la Administración Pública de un acto administrativo de gravamen o no declarativo de derechos:**

a) Ha de efectuarse a instancia de los particulares.

b) Está prohibida.

c) Se podrá revocar mientras que no haya transcurrido el plazo de prescripción, siempre que no constituya dispensa o exención no permitida por las Leyes, o sea contraria al principio de igualdad, al interés público o al ordenamiento jurídico.

d) Requiere previo dictamen del Consejo de Estado.

**79. En la Administración Local (en concreto, en un Ayuntamiento), la declaración de lesividad de un acto se efectúa a través del/de la:**

a) Presidente de la Corporación Local.

b) Junta de Gobierno Local.

c) Pleno.

d) Cualquiera de los anteriores.

**80. Un acto anulable, ¿puede ser revisado de oficio por la Administración Pública, una vez transcurridos cuatro años desde que se dictó?**

a) Sí, cuando así lo dictamine el Consejo de Estado.

b) No.

c) Sí, cuando incurra en nulidad de pleno derecho y así lo dictamine el Consejo de Estado.

d) Sí, cuando la ilegalidad sea manifiesta y así lo dictamine el Consejo de Estado.

**81. Entre los límites de la revisión de los actos administrativos se encuentra:**

a) La prescripción de la acción.
b) Su ilegalidad manifiesta.
c) Que atente a derechos subjetivos.
d) Que incurra en nulidad de pleno derecho.

**82. Cuando el acto administrativo presenta un vicio que no le hace incurrir en nulidad absoluta ni en anulabilidad, se considera:**

a) Irregular.
b) Defectuoso.
c) Inválido.
d) Viciado.

**83. La conversión se aplica a los actos:**

a) Nulos.
b) Nulos de pleno derecho.
c) Anulables.
d) No cabe la conversión de actos administrativos.

**84. Cuando hayan de tenerse en cuenta nuevos hechos o documentos no recogidos en el expediente originario, se pondrán de manifiesto a los interesados para que formulen las alegaciones que estimen procedentes, en un plazo:**

a) No inferior a diez días ni superior a quince.
b) De veinte días.
c) No inferior a cinco días ni superior a veinte.
d) De treinta días.

**85. Si el acto fuera expreso, el plazo para la interposición del recurso de reposición será de:**

a) Tres meses.
b) Diez días.
c) Quince días.
d) Un mes.

# Solución al test n.º 8

**1.** a) Que este puede estar condicionado.

**2.** a) Natural.

**3.** b) La regla general.

**4.** d) Indistintamente, ante el órgano que dictó el acto o el superior jerárquico que deba decidirlo.

**5.** c) Dentro de los cuatro años desde la notificación del acto.

**6.** c) Los motivos en que se basa la decisión.

**7.** d) Actos reglados y actos discrecionales.

**8.** d) Las respuestas a) y c) son correctas.

**9.** a) Nulas.

**10.** d) Eventual del acto.

**11.** a) Actos definitivos y actos de trámite.

**12.** d) Está expresamente prohibida.

**13.** d) En cuya emisión de voluntad han de intervenir, como mínimo, dos órganos administrativos.

**14.** d) Que se dictó el acto anulado.

**15.** b) Nulos de pleno derecho.

**16.** d) Contra los actos firmes exclusivamente.

**17.** c) Por medios electrónicos.

**18.** c) Actos simples y complejos.

**19.** b) Resolverá cuantas cuestiones se deduzcan del expediente.

**20.** c) Formal.

**21.** a) Cuando el vicio consiste en incompetencia jerárquica.

**22.** d) Todas las respuestas son correctas.

**23.** d) Las respuestas a) y c) son correctas.

**24.** d) Las respuestas a) y c) son ciertas.

**25.** a) A los tres meses de su interposición.

**26.** a) Siempre.

**27.** b) No dicta actos administrativos.

**28.** b) Reglados, en parte.

**29.** a) Publicarse.

**30.** b) Acto definitivo.

**31.** c) Informe emitido en un procedimiento.

**32.** c) Atribuciones que se otorgan a un órgano administrativo.

**33.** b) Posible y lícito.

**34.** d) Eventual del acto.

**35.** a) Natural.

**36.** d) Cuando la ley lo prescriba.

**37.** d) Todos los anteriores deben motivarse.

**38.** c) Los motivos en que se basa la decisión.

**39.** d) Las respuestas a) y c) son correctas.

**40.** a) Nulas.

**41.** d) No se lesionen derechos de otras personas.

**42.** c) Puede ser objeto de impugnación por el particular.

**43.** a) Mayor de catorce años.

**44.** c) Funcional y territorial.

**45.** b) Absoluto.

**46.** b) Hayan transcurrido diez días naturales desde la puesta a disposición de la notificación sin que se acceda a su contenido.

**47.** d) Siempre.

**48.** c) Pueden establecerse expresamente por una disposición con rango de Ley..

**49.** d) Se dictó el acto anulado.

**50.** d) Pueden dar lugar a la anulabilidad si producen indefensión.

**51.** a) Si el vicio consiste en incompetencia jerárquica.

**52.** c) Incompetencia funcional.

**53.** b) La regla general.

**54.** d) Inexistente.

**55.** d) Indistintamente, ante el órgano que dictó el acto o el superior jerárquico que deba decidirlo.

**56.** d) En cualquier momento a partir del día siguiente a aquel en que, de acuerdo con su normativa específica, se produzcan los efectos del silencio administrativo.

**57.** a) Cuando el recurso se presentó contra un acto presunto desestimatorio de la solicitud del ciudadano.

**58.** d) Los actos firmes exclusivamente.

**59.** a) A los tres meses de su interposición.

**60.** c) Dentro de los cuatro años desde la notificación del acto.

**61.** a) El incumplimiento de la condición resolutoria a que pudiera estar sujeto.

**62.** c) Municipios de gran población.

**63.** d) Puede hacerlo quien ostente la condición de interesado.

**64.** d) Las respuestas a) y c) son ciertas.

**65.** d) Deberá resolverse, si del propio recurso se deduce su carácter.

**66.** d) Las respuestas a) y b) son correctas.

**67.** c) Formal.

**68.** d) Todas las respuestas son correctas.

**69.** b) Deberá ajustarse a las peticiones del recurrente.

**70.** c) De personal.

**71.** d) Extraordinario.

**72.** a) Actos definitivos y actos de trámite.

**73.** d) Actos reglados y actos discrecionales.

**74.** c) El recurso de alzada debe presentarse ante la autoridad que nombró al Presidente.

**75.** c) Se haya dictado por órgano manifiestamente incompetente.

**76.** c) Actos simples y complejos.

**77.** c) Ha de derivar de documentos habidos en el expediente.

**78.** c) Se podrá revocar mientras que no haya transcurrido el plazo de prescripción, siempre que no constituya dispensa o exención no permitida por las Leyes, o sea contraria al principio de igualdad, al interés público o al ordenamiento jurídico.

**79.** c) Pleno.

**80.** b) No.

**81.** a) La prescripción de la acción.

**82.** a) Irregular.

**83.** c) Anulables.

**84.** a) No inferior a diez días ni superior a quince.

**85.** d) Un mes.

# TEST N.º 9

**Las disposiciones generales sobre el procedimiento administrativo: Los interesados en el procedimiento. De la actividad de las Administraciones Públicas: normas generales de actuación; términos y plazos. Garantías del procedimiento. Iniciación, ordenación, instrucción y finalización del procedimiento. Ejecución**

**1. Salvo en el caso de que en la norma correspondiente se fije plazo distinto, los trámites que deban ser cumplimentados por los interesados deberán realizarse:**

a) En el plazo de un mes a partir del siguiente al de la notificación del correspondiente acto.

b) En el plazo de veinte días a partir del siguiente al de la notificación del correspondiente acto.

c) En el plazo de quince días a partir del siguiente al de la notificación del correspondiente acto.

d) En el plazo de diez días a partir del siguiente al de la notificación del correspondiente acto.

**2. Señala la respuesta correcta respecto a la emisión de informes:**

a) Salvo disposición expresa en contrario, los informes serán facultativos y vinculantes.

b) Los informes serán emitidos a través de medios electrónicos en el plazo de quince días, salvo que una disposición o el cumplimiento del resto de los plazos del procedimiento permita o exija otro plazo mayor o menor.

c) El informe emitido fuera de plazo podrá no ser tenido en cuenta al adoptar la correspondiente resolución.

d) Cuando se soliciten informes preceptivos a un órgano de la misma o distinta Administración, por el tiempo que medie entre la petición, que deberá comunicarse a los interesados, y la recepción del informe, que igualmente deberá ser comunicada a los mismos. Este plazo de suspensión no podrá exceder en ningún caso de un mes.

**3. ¿De qué plazo disponen los interesados durante el trámite de audiencia para alegar y presentar los documentos y justificaciones que estimen pertinentes?**

a) No inferior a quince ni superior a un mes.

b) No inferior a diez días ni superior a quince.

c) Quince días.

d) Siete días hábiles.

**4. A tenor del art. 84 de la Ley 39/2015, de 1 de octubre, del Procedimiento Administrativo Común de las Administraciones Públicas, pondrán fin al procedimiento la resolución:**

a) El desistimiento.

b) La renuncia al derecho en que se funde la solicitud.

c) La declaración de caducidad.

d) Todas las respuestas son correctas.

**5. ¿Cuál es la forma especial de terminación del procedimiento administrativo?**

a) La resolución.

b) La declaración de caducidad.

c) La terminación convencional.

d) El desistimiento.

**6. El acuerdo de realización de actuaciones complementarias se notificará a los interesados, concediéndoseles un plazo para formular las alegaciones que tengan por pertinentes tras la finalización de las mismas, de:**

a) Siete días.

b) Diez días.

c) Quince días.

d) Un mes.

**7. En los procedimientos iniciados a solicitud del interesado, cuando se produzca su paralización por causa imputable al mismo, la Administración le advertirá de que se producirá la caducidad del procedimiento, transcurrido:**

a) Quince días.

b) Veinte días.

c) Un mes.

d) Tres meses.

**8. Señala la respuesta incorrecta respecto a la caducidad:**

a) La caducidad no producirá por sí sola la prescripción de las acciones del particular o de la Administración, pero los procedimientos caducados interrumpirán el plazo de prescripción.

b) No podrá acordarse la caducidad por la simple inactividad del interesado en la cumplimentación de trámites, siempre que no sean indispensables para dictar resolución.

c) Podrá no ser aplicable la caducidad en el supuesto de que la cuestión suscitada afecte al interés general, o fuera conveniente sustanciarla para su definición y esclarecimiento.

d) Tanto la caducidad como la renuncia, solo son posibles en los procedimientos incoados a instancia de los particulares y no en los iniciados de oficio por la propia Administración.

**9. El plazo máximo en el que debe notificarse la resolución expresa será el fijado por la norma reguladora del correspondiente procedimiento. Este plazo, salvo que una norma con rango de ley establezca uno mayor o así venga previsto en el Derecho de la Unión Europea, no podrá exceder de:**

a) Veinte días.
b) Un mes.
c) Tres meses.
d) Seis meses.

**10. ¿Qué recurso cabe contra el acuerdo de acumulación?**

a) Ninguno.
b) Recurso de alzada.
c) Recurso de reposición.
d) Recurso extraordinario de revisión.

**11. Indica cuál de las siguientes no es una de las formas anormales de terminación del procedimiento administrativo:**

a) La declaración de caducidad.
b) El desistimiento.
c) La renuncia al derecho en que se funde la solicitud.
d) La resolución.

**12. Las actuaciones complementarias deberán practicarse en un plazo no superior a:**

a) Diez días.
b) Quince días.
c) Veinte días.
d) Un mes.

**13. Cuando la sanción tenga únicamente carácter pecuniario, el órgano competente para resolver el procedimiento aplicará reducciones sobre el importe de la sanción propuesta de, al menos:**

a) El 10%.
b) El 15%.

c) El 20%.

d) El 30%.

**14. A tenor del art. 94 del Texto Refundido de la Ley sobre Tráfico, Circulación de Vehículos a Motor y Seguridad Vial, una vez realizado el pago voluntario de la multa, ya sea en el acto de entrega de la denuncia o dentro del plazo de veinte días naturales contados desde el día siguiente al de su notificación, concluirá el procedimiento sancionador con una reducción del importe de la sanción:**

a) Del 50%.

b) Del 40%.

c) Del 30%.

d) Del 25%.

**15. ¿En qué supuesto excepcional se podrá imponer una sanción sin que se haya tramitado el oportuno procedimiento?**

a) En casos de urgencia.

b) En aquellos supuestos donde no dé lugar a dudas la imposición de la sanción.

c) Únicamente en aquellos supuestos donde una norma con rango de ley así lo determine.

d) En ningún caso.

**16. ¿En virtud de qué principio se acordarán en un solo acto todos los trámites que, por su naturaleza, admitan un impulso simultáneo y no sea obligado su cumplimiento sucesivo?**

a) Del principio de celeridad.

b) Del principio de agilidad administrativa.

c) Del principio de simplificación administrativa.

d) Del principio de eficiencia.

**17. La compulsión sobre las personas:**

a) Deriva de la propia esencia del acto administrativo.

b) Deriva del principio de ejecutividad de los actos administrativos.

c) Deriva de la posibilidad en manos de la Administración Pública de ejecutar forzosamente algunos actos administrativos.

d) Es similar al lanzamiento administrativo.

**18. ¿Cuál es el medio utilizado por la Administración para el cobro de las cantidades líquidas adeudadas a la misma que voluntariamente no han sido abonadas por los obligados a ello?**

a) Apremio sobre el patrimonio.

b) Multa coercitiva.

c) Ejecución subsidiaria.
d) Compulsión sobre las personas.

**19. La compulsión sobre las personas no procede en los que:**

a) Comporten una obligación no personalísima de hacer.
b) Esta obligación sea personalísima de no hacer.
c) Esta obligación sea personalísima de soportar.
d) Se dé cualquiera de las circunstancias anteriores.

**20. Entre los medios de ejecución forzosa no se encuentra el/la:**

a) Desahucio administrativo.
b) Ejecución subsidiaria.
c) Multa coercitiva.
d) Compulsión sobre la persona.

**21. La compulsión sobre las personas:**

a) Deriva de la propia esencia del acto administrativo.
b) Deriva del principio de ejecutividad de los actos administrativos.
c) Deriva de la posibilidad en manos de la Administración Pública de ejecutar forzosamente algunos actos administrativos.
d) Es similar al lanzamiento administrativo.

**22. Entre los medios de ejecución forzosa no se encuentra el/la:**

a) Desahucio administrativo.
b) Ejecución subsidiaria.
c) Multa coercitiva.
d) Compulsión sobre la persona.

**23. La notificación de un acto administrativo:**

a) Suspende su eficacia hasta que se efectúe tratándose de actos generales.
b) No impide su ejecutividad una vez efectuada.
c) Suspende su eficacia una vez realizada.
d) Ha de hacerse con todo tipo de actos.

**24. Para que la Administración Pública pueda imponer multas coercitivas contra un ciudadano en vía de ejecución forzosa de los actos administrativos:**

a) Debe existir una norma que se lo permita.
b) Lo puede hacer en cualquier caso.
c) Basta con un reglamento que se lo permita.
d) Debe haber una previsión legal expresa al efecto.

**25. La compulsión sobre las personas no procede en los que:**

a) Comporten una obligación no personalísima de hacer.
b) Esta obligación sea personalísima de no hacer.
c) Esta obligación sea personalísima de soportar.
d) Se dé cualquiera de las circunstancias anteriores.

# Solución al test n.º 9

**1.** d) En el plazo de diez días a partir del siguiente al de la notificación del correspondiente acto.

**2.** c) El informe emitido fuera de plazo podrá no ser tenido en cuenta al adoptar la correspondiente resolución.

**3.** b) No inferior a diez días ni superior a quince.

**4.** d) Todas las respuestas son correctas.

**5.** c) La terminación convencional.

**6.** a) Siete días.

**7.** d) Tres meses.

**8.** a) La caducidad no producirá por sí sola la prescripción de las acciones del particular o de la Administración, pero los procedimientos caducados interrumpirán el plazo de prescripción.

**9.** d) Seis meses.

**10.** a) Ninguno.

**11.** d) La resolución.

**12.** b) Quince días.

**13.** c) El 20%.

**14.** a) Del 50%.

**15.** d) En ningún caso.

**16.** c) Del principio de simplificación administrativa.

**17.** c) Deriva de la posibilidad en manos de la Administración Pública de ejecutar forzosamente algunos actos administrativos.

**18.** a) Apremio sobre el patrimonio.

**19.** a) Comporten una obligación no personalísima de hacer.

**20.** a) Desahucio administrativo.

**21.** c) Deriva de la posibilidad en manos de la Administración Pública de ejecutar forzosamente algunos actos administrativos.

**22.** a) Desahucio administrativo.

**23.** b) No impide su ejecutividad una vez efectuada.

**24.** d) Debe haber una previsión legal expresa al efecto.

**25.** a) Comporten una obligación no personalísima de hacer.

# TEST N.º 10

**El Estatuto del Personal al servicio de las Administraciones Públicas de Navarra: clases de personal. La selección de los funcionarios públicos. La adquisición y pérdida de la condición de funcionario. La carrera administrativa. Las situaciones administrativas. La provisión de puestos de trabajo. Derechos y deberes**

**1. «Funcionarios Públicos» es, dentro del Texto Refundido del Estatuto del personal al servicio de las Administraciones Públicas de Navarra:**

a) El Título III.
b) El Título II.
c) El Título I.
d) El Título Preliminar.

**2. El personal al servicio de las Administraciones Públicas de Navarra está integrado únicamente por:**

a) Los funcionarios públicos, el personal eventual y el personal contratado.
b) Los funcionarios públicos y el personal contratado.
c) Los funcionarios públicos y el personal administrativo.
d) El personal eventual, el personal contratado, personal administrativo y personal laboral.

**3. ¿Pueden los cónyuges de nacionales de Estados miembros de la Unión Europea acceder a determinados empleos públicos en las Administraciones Públicas de Navarra?**

a) Sí, en cualquier caso.
b) Sí, siempre que no estén separados de hecho o de derecho.
c) Sí, siempre que no estén separados de derecho.
d) No, en ningún caso.

**4. De acuerdo con el Texto Refundido del Estatuto del personal al servicio de las Administraciones Públicas de Navarra, para ser admitido a las pruebas selectivas para el ingreso como funcionarios se requiere, entre otras cosas:**

a) Tener la nacionalidad española.

b) Tener la nacionalidad de un Estado miembro de la Unión Europea, salvo para el acceso a determinados empleos públicos.

c) Ser una de las personas incluidas en el ámbito de aplicación de los Tratados Internacionales celebrados por la Comunidad Europea y ratificados por España, en los que sea de aplicación la libre circulación de trabajadores, salvo para el acceso a determinados empleos públicos.

d) Las tres opciones anteriores son válidas.

**5. Los descendientes de nacionales de Estados miembros de la Unión Europea podrán acceder a determinados empleos públicos en las Administraciones Públicas de Navarra cuando:**

a) Sean menores de 21 años.

b) Sean mayores de 21 años y vivan a sus expensas.

c) Sean menores de 25 años, en todo caso.

d) Las opciones a) y b) son ciertas.

**6. De acuerdo con el Texto Refundido del Estatuto del personal al servicio de las Administraciones Públicas de Navarra, para ser admitido a las pruebas selectivas para el ingreso como funcionario es requisito necesario, entre otros:**

a) Ser mayor de edad y, en su caso, no superar la edad establecida reglamentariamente.

b) Estar en condiciones de obtener el título exigido, en la fecha que termine el proceso selectivo.

c) Poseer la capacidad física y psíquica necesarias para el ejercicio de las correspondientes funciones.

d) Las tres respuestas anteriores son falsas.

**7. El personal al servicio de las Administraciones Públicas de Navarra estará integrado únicamente por:**

a) Funcionarios públicos, personal eventual y personal estatutario.

b) Funcionarios públicos y personal eventual.

c) Funcionarios públicos.

d) Funcionarios públicos, personal eventual y personal contratado.

**8. El Título II del Texto Refundido del Estatuto del personal al servicio de las Administraciones Públicas de Navarra se denomina:**

a) Disposiciones Generales.

b) Personal Eventual.

c) Personal Contratado.

d) Funcionarios Públicos.

**9. El Texto Refundido del Estatuto del personal al servicio de las Administraciones Públicas de Navarra en fue aprobado por:**

a) La Ley Foral 251/1993, de 30 de agosto.

b) La Ley Orgánica 251/1993, de 30 de agosto.

c) El Decreto Foral Legislativo 251/1993, de 30 de agosto.

d) El Decreto Foral 11/1992, de 20 de octubre.

**10. La condición de funcionario, conforme al Texto Refundido del Estatuto del personal al servicio de las Administraciones Públicas de Navarra, se adquiere por el cumplimiento sucesivo de varios requisitos, en cuyo último lugar se encuentra:**

a) La toma de posesión.

b) El nombramiento conferido por la autoridad competente.

c) La superación de las correspondientes pruebas selectivas.

d) El juramento o promesa de respetar el régimen foral de Navarra, de acatar la Constitución, las leyes, y de cumplir fielmente las obligaciones propias del cargo.

**11. De acuerdo con el Texto Refundido del Estatuto del personal al servicio de las Administraciones Públicas de Navarra, la toma de posesión para la adquisición de la condición de personal funcionario:**

a) Tendrá que realizarse, en todo caso, dentro del plazo de un mes, a contar desde la notificación del nombramiento.

b) Podrá quedar aplazada en el caso de aspirantes que se encuentren disfrutando de una licencia por parto, adopción, guarda con fines de adopción o acogimiento, durante el periodo que se esté disfrutando de manera ininterrumpida.

c) Podrá quedar aplazada en el caso de aspirantes que se encuentren disfrutando de un permiso del progenitor diferente a la madre biológica, durante el periodo que se esté disfrutando de manera ininterrumpida.

d) Las opciones b) y c) son ciertas.

**12. Las retribuciones personales básicas de los funcionarios a los que se les aplica el Texto Refundido del Estatuto del personal al servicio de las Administraciones Públicas de Navarra son, exclusivamente:**

a) Sueldo inicial del correspondiente grado y retribución correspondiente al nivel.

b) Sueldo inicial y premio de antigüedad.

c) Sueldo inicial del correspondiente nivel, retribución correspondiente al grado y premio de antigüedad.

d) Sueldo inicial del correspondiente nivel o grupo, y premio de antigüedad.

**13. Los funcionarios a los que se les aplica el Texto Refundido del Estatuto del personal al servicio de las Administraciones Públicas de Navarra, pueden hallarse en las siguientes situaciones:**

a) Servicio activo, servicios especiales y servicios forzosos.
b) Servicio activo, servicios especiales, excedencia y suspensión.
c) Servicio activo, servicios especiales, excedencia y servicios voluntarios.
d) Únicamente en servicio activo o en servicio pasivo.

**14. La excedencia de los funcionarios a los que se les aplica el Texto Refundido del Estatuto del personal al servicio de las Administraciones Públicas de Navarra, podrá ser:**

a) Activa o pasiva.
b) Activa, especial o forzosa.
c) Voluntaria, forzosa o pasiva.
d) Voluntaria, especial o forzosa.

**15. Procede declarar la excedencia voluntaria, a petición del funcionario al que se le aplica el Texto Refundido del Estatuto del personal al servicio de las Administraciones Públicas de Navarra:**

a) Cuando pase a prestar servicios en otra Administración Pública o entidad con personalidad jurídica propia dependiente de una Administración distinta de aquélla a la que pertenezca, con reserva durante los primeros dieciocho meses de la plaza que ocupase, sin excepciones.
b) Por interés particular del funcionario, siempre que lo permitan las necesidades del servicio y que el interesado acredite haber permanecido en servicio activo o situación asimilada, como mínimo, el año inmediatamente anterior a la fecha de presentación de la solicitud.
c) Para desempeñar cargos directivos en organizaciones sindicales que sean compatibles con el ejercicio de la función pública.
d) Cuando se encuentre prestando servicios en otra Administración Pública en el momento de la toma de posesión.

**16. La excedencia especial de los funcionarios a los que se les aplica el Texto Refundido del Estatuto del personal al servicio de las Administraciones Públicas de Navarra, no podrá declararse por periodo superior a:**

a) 3 años.
b) 2 años.
c) 18 meses.
d) 12 meses.

**17. Las retribuciones anuales de los funcionarios a los que se les aplica el Texto Refundido del Estatuto del personal al servicio de las Administraciones Públicas de Navarra, se abonarán en:**

a) 12 pagas.
b) 13 pagas.
c) 14 pagas.
d) 15 pagas.

**18. En concepto de ayuda familiar por cada hijo menor de edad no emancipado, se abonará a los funcionarios a los que se les aplica el Texto Refundido del Estatuto del personal al servicio de las Administraciones Públicas de Navarra, una cantidad anual que se calcula aplicando al sueldo inicial del nivel E:**

a) Un porcentaje del 3,50%.
b) Un porcentaje del 3,00%.
c) Un porcentaje del 15,00%.
d) Un porcentaje del 30%.

**19. Los funcionarios a los que se les aplica el Texto Refundido del Estatuto del personal al servicio de las Administraciones Públicas de Navarra, se hallarán en situación de servicio activo:**

a) Cuando ocupen plaza correspondiente a funcionarios públicos en la plantilla orgánica de la Administración Pública respectiva.
b) Cuando se hallen pendientes de adscripción a un puesto de trabajo concreto por cese en el anterior.
c) Cuando se les confiera una comisión de servicios de carácter permanente en cualquiera de los organismos públicos.
d) Las opciones a) y b) son correctas.

**20. Es retribución personal básica de los funcionarios a los que se les aplica el Texto Refundido del Estatuto del personal al servicio de las Administraciones Públicas de Navarra:**

a) La indemnización por los gastos realizados por razón del servicio.
b) La retribución correspondiente al grado.
c) La ayuda familiar.
d) La compensación por horas extraordinarias.

**21. Los funcionarios a los que se les aplica el Texto Refundido del Estatuto del personal al servicio de las Administraciones Públicas de Navarra, pueden encontrarse en situación de suspensión:**

a) Provisional y definitiva.
b) Temporal y definitiva.

c) Voluntaria, especial y forzosa.
d) Provisional y firme.

**22. Los funcionarios a los que se les aplica el Texto Refundido del Estatuto del personal al servicio de las Administraciones Públicas de Navarra, en situación de servicio activo están obligados:**

a) A sustituir en sus funciones a sus compañeros ausentes del servicio, incluidos los superiores.
b) Al ascenso y a la promoción.
c) A residir en la localidad de su destino, en cualquier caso.
d) A suscribir un plan de pensiones.

**23. Según el Texto Refundido del Estatuto del personal al servicio de las Administraciones Públicas de Navarra, puede ser voluntaria, especial o forzosa:**

a) La suspensión.
b) La excedencia.
c) La situación administrativa.
d) La carrera administrativa.

**24. La carrera administrativa de los funcionarios a los que se les aplica el Texto Refundido del Estatuto del personal al servicio de las Administraciones Públicas de Navarra consiste en:**

a) La promoción de nivel.
b) El ascenso de grado, dentro de cada nivel.
c) El ascenso de categoría, dentro de cada nivel.
d) Las tres respuestas anteriores son ciertas.

**25. Es falso decir que la promoción de nivel, de una persona funcionaria a la que se aplica el Texto Refundido aprobado por el Decreto Foral Legislativo 251/1993, se llevará a cabo mediante la reserva de vacantes en las pruebas selectivas de ingreso para su provisión en turno restringido entre los funcionarios pertenecientes a cualquiera de las Administraciones Públicas de Navarra, que reúna, entre los requisitos exigidos:**

a) Pertenecer a nivel inferior al de las vacantes convocadas.
b) Poseer la titulación exigida en la convocatoria y acreditar cinco años de antigüedad reconocida en las Administraciones Públicas.
c) No hallarse en situación de excedencia voluntaria cuando se encuentre prestando servicios en otro puesto de trabajo de carácter fijo o temporal en la misma Administración convocante.
d) Superar las correspondientes pruebas selectivas.

**26. Los funcionarios a los que se aplica el Texto Refundido del Estatuto del personal al servicio de las Administraciones Públicas de Navarra:**

a) Podrán ascender sucesivamente desde el grado 1 hasta el grado 7 de su respectivo nivel, cualquiera que sea la especialidad de su titulación, formación o profesión.

b) Ascenderán sucesivamente de grado, transcurridos 6 años y 7 meses de permanencia en el grado anterior.

c) Ascenderán sucesivamente de grado, transcurridos 7 años y 6 meses de permanencia en el grado anterior.

d) Ascenderán sucesivamente de grado, transcurridos 6 años de permanencia en el grado anterior.

**27. De acuerdo con el Texto Refundido aprobado por el Decreto Foral Legislativo 251/1993, las Administraciones Públicas de Navarra podrán convocar procesos de movilidad interna, dentro del ámbito de adscripción del personal a su servicio, que se realizarán con una periodicidad:**

a) Anual conforme a las disposiciones que se dicten reglamentariamente.

b) Bienal conforme a las disposiciones que se dicten reglamentariamente.

c) Anual conforme a las disposiciones que se dicten legalmente.

d) Bienal conforme a las disposiciones que se dicten legalmente.

**28. Es falso decir, en relación a la empleada al servicio de las Administraciones Públicas de Navarra víctima de violencia sobre la mujer a la que se aplica el Texto Refundido aprobado por el Decreto Foral Legislativo 251/1993, que se vea obligada a abandonar el puesto de trabajo en la localidad donde venía prestando sus servicios para hacer efectiva su protección o su derecho a la asistencia social integral, que:**

a) Tendrá derecho preferente a ocupar otro puesto de trabajo propio de su categoría profesional sin necesidad de que sea vacante de necesaria cobertura y sin sufrir merma alguna en sus retribuciones.

b) El órgano competente estará obligado a comunicarle las vacantes ubicadas en la misma localidad o localidades que la interesada expresamente solicite.

c) El traslado tendrá una duración inicial de seis meses, ampliables hasta el final del curso escolar para el personal docente.

d) Siempre que esté acreditada conforme al artículo 4 de la Ley Foral 14/2015, de 10 de abril, podrá solicitar su movilidad a otra Administración Pública, pero sólo dentro de la Comunidad Foral de Navarra.

**29. El personal funcionario de las Administraciones Públicas de Navarra al que se aplica el Texto Refundido del Estatuto aprobado por el Decreto Foral Legislativo 251/1993, tendrá derecho al disfrute de:**

a) Dos días adicionales de vacaciones al alcanzar quince años de antigüedad.

b) Tres días adicionales de vacaciones al alcanzar veinte años de antigüedad.

c) Cuatro días adicionales de vacaciones al alcanzar treinta años de antigüedad.

d) Las tres opciones anteriores son ciertas.

**30. Excepcionalmente, la reducción de jornada de trabajo al personal funcionario al que se aplica el Texto Refundido el Estatuto del personal al servicio de las Administraciones Públicas de Navarra, sin reducción de las retribuciones, para el cuidado del hijo o hija afectado por cáncer o por otra enfermedad grave que requiera la necesidad de su cuidado directo, continuo y permanente, durante el tratamiento continuado de la enfermedad, haya precisado o no de hospitalización previa, podrá alcanzar un porcentaje superior, como máximo hasta:**

a) el 50 por ciento.

b) El 65 por ciento

c) El 99,99 por ciento, cuando se acredite debidamente su necesidad para tal fin.

d) El 100 por cien, cuando se acredite debidamente su necesidad para tal fin.

# Solución al test n.º 10

**1.** b) El Título II.

**2.** a) Los funcionarios públicos, el personal eventual y el personal contratado.

**3.** c) Sí, siempre que no estén separados de derecho.

**4.** d) Las tres opciones anteriores son válidas.

**5.** d) Las opciones a) y b) son ciertas.

**6.** c) Poseer la capacidad física y psíquica necesaria para el ejercicio de las correspondientes funciones.

**7.** d) Funcionarios públicos, personal eventual y personal contratado.

**8.** d) Funcionarios Públicos.

**9.** c) El Decreto Foral Legislativo 251/1993, de 30 de agosto.

**10.** a) La toma de posesión.

**11.** d) Las opciones b) y c) son ciertas.

**12.** c) Sueldo inicial del correspondiente nivel, retribución correspondiente al grado y premio de antigüedad.

**13.** b) Servicio activo, servicios especiales, excedencia y suspensión.

**14.** d) Voluntaria, especial o forzosa.

**15.** d) Cuando se encuentre prestando servicios en otra Administración Pública en el momento de la toma de posesión.

**16.** a) 3 años.

**17.** c) 14 pagas.

**18.** b) Un porcentaje del 3,00%.

**19.** d) Las respuestas a) y b) son correctas.

**20.** b) La retribución correspondiente al grado.

**21.** d) Provisional y firme.

**22.** a) A sustituir en sus funciones a sus compañeros ausentes del servicio, incluidos los superiores.

**23.** b) La excedencia.

**24.** d) Las tres respuestas anteriores son ciertas.

**25.** c) No hallarse en situación de excedencia voluntaria cuando se encuentre prestando servicios en otro puesto de trabajo de carácter fijo o temporal en la misma Administración convocante.

**26.** b) Ascenderán sucesivamente de grado, transcurridos 6 años y 7 meses de permanencia en el grado anterior.

**27.** b) Bienal conforme a las disposiciones que se dicten reglamentariamente.

**28.** d) Siempre que esté acreditada conforme al artículo 4 de la Ley Foral 14/2015, de 10 de abril, podrá solicitar su movilidad a otra Administración Pública, pero sólo dentro de la Comunidad Foral de Navarra.

**29.** c) Cuatro días adicionales de vacaciones al alcanzar treinta años de antigüedad.

**30.** c) El 99,99 por ciento, cuando se acredite debidamente su necesidad para tal fin.

# TEST N.º 11

**Ley Foral 13/2007, de 4 de abril, de la Hacienda Pública de Navarra: del ámbito de aplicación y de la Hacienda Pública de Navarra. Los Presupuestos Generales de Navarra: contenido y aprobación; ejecución y liquidación**

**1. El régimen de la Hacienda Pública de Navarra está previsto en la Ley Foral 13/2007 en el Capítulo:**

a) 3.
b) 2.
c) 1.
d) 4.

**2. A efectos del régimen presupuestario, forman parte del sector público foral de Navarra:**

a) El Parlamento de Navarra.
b) El Consejo de Navarra.
c) Las entidades públicas empresariales de la Administración de la Comunidad Foral de Navarra.
d) Todas las respuestas anteriores son correctas.

**3. No se regularán mediante Ley Foral:**

a) El régimen patrimonial de la Comunidad Foral.
b) El establecimiento de tributos.
c) Las transferencias de crédito.
d) El régimen de contratación de la Comunidad Foral.

**4. Constituyen un derecho de naturaleza pública:**

a) Los rendimientos o productos de cualquier naturaleza de sus bienes patrimoniales.
b) Los tributos.
c) Los adquiridos por herencia o legado.
d) Los recibidos por donación.

**5. El procedimiento de apremio no se suspenderá inmediatamente:**

a) En el caso de que se pudiera producir un perjuicio irreparable en el deudor.
b) Cuando el interesado demuestre que se ha producido un error material.
c) Cuando la deuda haya prescrito o haya sido ingresada.
d) Cuando la deuda haya sido condonada, compensada, aplazada o suspendida.

**6. Se dispensa de garantía en caso de aplazamiento cuando la deuda sea por un importe inferior a:**

a) 12.000 euros.
b) 10.000 euros.
c) 8.000 euros.
d) 6.000 euros.

**7. Podrán extinguirse mediante compensación cuantas deudas tengan entre sí los entes integrantes del sector público foral y sean:**

a) Vencidas.
b) Líquidas y exigibles.
c) Vencidas y exigibles.
d) Vencidas, líquidas y exigibles.

**8. El derecho de la Hacienda Pública Foral de Navarra a reconocer o liquidar créditos a su favor prescribe a los:**

a) 3 años.
b) 4 años.
c) 5 años.
d) Nunca.

**9. El mínimo a liquidar es de:**

a) 10 euros.
b) 20 euros.
c) 30 euros.
d) 50 euros.

**10. Las obligaciones de la Hacienda Pública de Navarra sólo son exigibles cuando resulten:**

a) De la ejecución de los Presupuestos Generales de Navarra.
b) De sentencia judicial firme.
c) De operaciones financieras legalmente autorizadas.
d) Todas las respuestas anteriores son correctas.

**11. La materialización del pago en el cumplimiento de resoluciones judiciales deberá realizarse:**

a) Dentro de los dos meses siguientes al día de la notificación de la resolución.
b) Dentro de los tres meses siguientes al día de la notificación de la resolución.
c) Dentro del mes siguiente al día de la notificación de la resolución.
d) Dentro de los seis meses siguientes al día de la notificación de la resolución.

**12. El derecho a exigir de la Hacienda Pública de Navarra el reconocimiento o liquidación de todas aquellas obligaciones cuyo reconocimiento o liquidación no se hubiese solicitado con presentación de los documentos acreditativos del cumplimiento de los requisitos exigidos para ello prescribirán a los:**

a) 3 años.
b) 4 años.
c) 5 años.
d) Nunca. Son imprescriptibles.

**13. Los Presupuestos Generales de Navarra:**

a) Constituyen la expresión cifrada, conjunta y sistemática de los derechos y obligaciones a liquidar durante el ejercicio por cada uno de los órganos y entidades que forman parte del sector público foral definido en el artículo 2 de esta Ley Foral.
b) Constituyen la expresión contable, conjunta y sistemática de los derechos y obligaciones a liquidar durante el ejercicio por cada uno de los órganos y entidades que forman parte del sector público foral definido en el artículo 2 de esta Ley Foral.
c) Constituyen la expresión cifrada, conjunta y sistemática de las obligaciones a liquidar durante el ejercicio por cada uno de los órganos y entidades que forman parte del sector público foral definido en el artículo 2 de esta Ley Foral.
d) Constituyen la expresión cifrada, contable, conjunta y sistemática de los derechos y obligaciones a liquidar durante el ejercicio por cada uno de los órganos y entidades que forman parte del sector público foral definido en el artículo 2 de esta Ley Foral.

**14. Al proyecto de ley de presupuesto se acompaña:**

a) La cuenta consolidada de los presupuestos.
b) Una relación de los créditos para inversiones reales que deban tener continuidad en ejercicios sucesivos.
c) El estado de ejecución de los presupuestos vigentes al término del tercer trimestre y las previsiones de ejecución.
d) Todas las respuestas anteriores son correctas.

**15. El presupuesto se prorroga si el nuevo no es aprobado antes de:**

a) 30 de noviembre.
b) 31 de diciembre.

c) 1 de enero.
d) 15 de enero.

**16. El acto por el cual se manifiesta la intención de realizar un gasto por cuantía cierta o aproximada, con cargo a un determinado crédito se denomina:**

a) Autorización del gasto.
b) Disposición del gasto.
c) Materialización del pago.
d) Propuesta de pago.

**17. El reconocimiento de la obligación es:**

a) El acto por el cual, previos los trámites legales procedentes, se adquiere un compromiso económico con un tercero determinado, reservándose el crédito por cuantía cierta.
b) El acto mediante el cual se contrae en firme un compromiso de pago, con cargo al crédito reservado a tal fin, por haberse cumplido las condiciones recogidas en la disposición del gasto.
c) La operación por la que se expide una propuesta de pago contra la Tesorería.
d) La transferencia bancaria en pago de la obligación contraída.

**18. El plazo de rendición de las cuentas en los pagos a justificar es de:**

a) 15 días.
b) 1 mes.
c) 45 días.
d) 2 meses.

**19. La aprobación o reparo de la cuenta por el órgano competente de los documentos justificativos se llevará a cabo:**

a) En los 15 días siguientes a la fecha de aportación de los documentos justificativos.
b) En el mes siguiente a la fecha de aportación de los documentos justificativos.
c) En los dos meses siguientes a la fecha de aportación de los documentos justificativos.
d) En los tres meses siguientes a la fecha de aportación de los documentos justificativos.

**20. La liquidación de los Presupuestos de cada ejercicio, en cuanto al reconocimiento de derechos y obligaciones, se efectuará el:**

a) 31 de enero del año siguiente al que corresponde.
b) 31 de diciembre del año natural correspondiente.
c) 30 de noviembre del año natural correspondiente.
d) 15 de enero del año siguiente al que corresponde.

# Solución al test n.º 11

**1.** b) 2.

**2.** d) Todas las respuestas anteriores son correctas.

**3.** c) Las transferencias de crédito.

**4.** b) Los tributos.

**5.** a) En el caso de que se pudiera producir un perjuicio irreparable en el deudor.

**6.** d) 6.000 euros.

**7.** d) Vencidas, líquidas y exigibles.

**8.** b) 4 años.

**9.** c) 30 euros.

**10.** d) Todas las respuestas anteriores son correctas.

**11.** b) Dentro de los tres meses siguientes al día de la notificación de la resolución.

**12.** b) 4 años.

**13.** a) Constituyen la expresión cifrada, conjunta y sistemática de los derechos y obligaciones a liquidar durante el ejercicio por cada uno de los órganos y entidades que forman parte del sector público foral definido en el artículo 2 de esta Ley Foral.

**14.** d) Todas las respuestas anteriores son correctas.

**15.** c) 1 de enero.

**16.** a) Autorización del gasto.

**17.** b) El acto mediante el cual se contrae en firme un compromiso de pago, con cargo al crédito reservado a tal fin, por haberse cumplido las condiciones recogidas en la disposición del gasto.

**18.** d) 2 meses.

**19.** b) En el mes siguiente a la fecha de aportación de los documentos justificativos.

**20.** b) 31 de diciembre del año natural correspondiente.

# TEST N.º 12

**La Ley Foral 5/2018, de 17 de mayo, de Transparencia, Acceso a la Información Pública y Buen Gobierno: Disposiciones Generales. Ley Orgánica 3/2018, de 5 de diciembre, de Protección de Datos Personales y garantía de los derechos digitales. Disposiciones Generales. Principios de protección de datos. Derechos de las personas. La Ley Orgánica 3/2007, de 22 de marzo, para la igualdad efectiva de mujeres y hombres: El principio de igualdad y la tutela contra la discriminación. La Ley Foral 17/2019, de 4 de abril, de igualdad entre mujeres y hombres**

**1. Conforme al artículo 1.2 de la _Ley Foral 5/2018, de 17 de mayo, de Transparencia, Acceso a la Información Pública y Buen Gobierno_, es un fin de esta ley mejorar la organización, clasificación y manejo de:**

a) Los recursos de la Comunidad Foral.
b) Los organismos públicos.
c) La información pública.
d) La normativa foral.

**2. Según su artículo 3, la L.F. 5/2018 será aplicable, en cuanto a sus normas de transparencia a las entidades privadas que perciban, durante el periodo de un año, ayudas o subvenciones en una cuantía superior a (a partir de):**

a) 20.000 euros.
b) 50.000 euros.
c) 100.000 euros.
d) 120.000 euros.

**3. La _Ley Foral 5/2018, de 17 de mayo, de Transparencia, Acceso a la Información Pública y Buen Gobierno_ define como "el uso de datos, información y documentos que obran en poder de las Administraciones y organismos del sector público, por personas físicas o jurídicas, con fines comerciales o no comerciales, siempre que dicho uso no constituya una actividad administrativa pública y que el mismo no esté sujeto a las limitaciones establecidas legalmente", al siguiente término:**

a) Publicidad activa.
b) Reutilización.

c) Apertura de datos.

d) Acceso a la información pública.

**4. En virtud de qué principio, las reglas del procedimiento para acceder a la información pública deben facilitar el ejercicio del derecho, no pudiendo constituir aquellas, en sí mismas, un obstáculo para dicho acceso:**

a) Principio de accesibilidad.

b) Principio de eliminación de la brecha digital.

c) Principio de participación y colaboración ciudadanas.

d) Principio antiformalista del procedimiento.

**5. La LF 5/2018, define la transparencia como:**

a) Forma de funcionamiento capaz de entablar una permanente conversación con los ciudadanos y ciudadanas con el fin de escuchar lo que dicen y solicitan.

b) La obligación de difundir de forma permanente, veraz y objetiva aquella información pública que resulte relevante para garantizar la difusión de la actividad pública y la acción de gobierno.

c) Valor esencial del sistema de Gobierno Abierto, que impregna toda la actividad y organización de los sujetos obligados que tienen el deber de poner a disposición de la ciudadanía, legítima propietaria de la información pública, bien de manera proactiva, bien previa solicitud, la información pública que posean y de dar a conocer el proceso y las decisiones adoptadas de acuerdo a su competencia, así como las acciones en el ejercicio de sus funciones y la evaluación de las mismas.

d) La posibilidad de acceder a la información pública que obre en poder de las entidades contempladas en el ámbito de aplicación de la presente ley foral, con seguridad sobre su veracidad y sin más requisitos y condiciones que los establecidos en la normativa básica estatal y en esta ley foral.

**6. El artículo 4 de la LO 3/2018 señala que, conforme al artículo 5.1.d) del Reglamento (UE) 2016/679, los datos serán exactos y, si fuere necesario:**

a) Actualizados.

b) Aproximados.

c) Normalizados.

d) Digitalizados.

**7. Conforme al artículo 5.1 de la LO 3/2018, estarán sujetas al deber de confidencialidad:**

a) Únicamente los responsables del tratamiento.

b) Los responsables y encargados del tratamiento.

c) Los responsables y encargados del tratamiento de datos así como todas las personas que intervengan en cualquier fase de este.

d) Los responsables y encargados del tratamiento de datos así como todas las personas que intervengan en todas las fases de este.

**8. Conforme a los artículos 4.11 del RGPD y 6.1 de la LO 3/2018, se entiende por** *consentimiento del afectado* **la aceptación, ya sea mediante una declaración o una clara acción afirmativa, del tratamiento de datos personales que le conciernen manifestada por voluntad libre, de forma específica, informada e/y:**

a) Detallada.
b) Unitaria.
c) Inequívoca.
d) Por escrito.

**9. Cuando se pretenda fundar el tratamiento de los datos en el consentimiento del afectado para una pluralidad de finalidades:**

a) Será preciso que conste de manera específica e inequívoca que dicho consentimiento se otorga para todas ellas.
b) Será necesario demostrar que el afectado consintió expresamente e inequívocamente en alguna de las finalidades y, que el resto de finalidades están claramente relacionadas con aquella.
c) El responsable debe demostrar la adecuación de las distintas finalidades a un único objeto.
d) El consentimiento del afectado sólo puede afectar a una finalidad. Cada finalidad precisa un consentimiento propio e independiente.

**10. Según el artículo 8.1 de la LO 3/2018, el tratamiento de datos personales solo podrá considerarse fundado en el cumplimiento de una obligación legal exigible al responsable:**

a) Cuando así lo prevea una norma de Derecho de la Unión Europea o una norma con rango de ley.
b) Cuando el tratamiento se considere una misión realizada en interés público.
c) Cuando se trate del ejercicio de poderes públicos conferidos al responsable.
d) Cuando el responsable sea un órgano u organismo público.

**11. Conforme al artículo 9 de la** *LO 3/2018, de 5 de diciembre, de Protección de Datos Personales y garantía de los derechos digitales***, cuál de los siguientes tratamientos de categorías especiales de datos fundados en el Derecho español deberá estar amparado en una norma con rango de ley:**

a) Tratamiento necesario con fines de archivo en interés público, fines de investigación científica o histórica.
b) Tratamiento efectuado, en el ámbito de sus actividades legítimas y con las debidas garantías, por una fundación, una asociación o cualquier otro organismo sin ánimo de lucro, cuya finalidad sea política, filosófica, religiosa o sindical, siempre que el tratamiento se refiera exclusivamente a los miembros actuales o antiguos de tales organismos o a personas que mantengan contactos regulares con ellos en relación con sus fines y siempre que los datos personales no se comuniquen fuera de ellos sin el consentimiento de los interesados

c) Tratamiento necesario para fines de medicina preventiva o laboral, evaluación de la capacidad laboral del trabajador, diagnóstico médico, prestación de asistencia o tratamiento de tipo sanitario o social, o gestión de los sistemas y servicios de asistencia sanitaria y social.

d) Tratamiento referido a datos personales que el interesado ha hecho manifiestamente públicos.

**12. Uno de los objetos de la Ley Orgánica 3/2018, de 5 de diciembre, de Protección de Datos Personales y garantía de los derechos digitales, es:**

a) Adaptar el ordenamiento jurídico español al Reglamento General de Protección de Datos y completar sus disposiciones.

b) Establecer las normas relativas a la protección de las personas físicas en lo que respecta al tratamiento de los datos personales y las normas relativas a la libre circulación de tales datos.

c) Adaptar el Reglamento General de Protección de Datos al ordenamiento jurídico español y completar sus disposiciones.

d) Garantizar la seguridad de la transferencia de datos entre países de la Unión Europea.

**13. Según el artículo 12.4 de la LO 3/2018, la prueba del cumplimiento del deber de responder a la solicitud de ejercicio de sus derechos formulado por el afectado recaerá:**

a) Sobre el responsable del tratamiento.
b) Sobre el encargado del tratamiento.
c) Bien sobre el responsable o bien sobre el encargado.
d) Sobre el representante legal del afectado.

**14. En relación al derecho de acceso, el artículo 13 de la LO 3/2018 dispone que:**

a) Cuando el responsable trate una gran cantidad de datos relativos al afectado y este ejercite su derecho de acceso sin especificar si se refiere a todos o a una parte de los datos, el responsable deberá facilitar la totalidad de los datos.

b) El derecho de acceso se entenderá otorgado si el responsable del tratamiento facilitara al afectado un sistema de acceso remoto, directo y seguro a los datos personales que garantice, temporalmente, el acceso a su totalidad.

c) Se podrá considerar repetitivo el ejercicio del derecho de acceso en más de una ocasión durante el plazo de seis meses, a menos que exista causa legítima para ello.

d) Cuando el afectado elija un medio distinto al que se le ofrece deberá asumir los costes que su elección comporte.

**15. Según su artículo 1, la LO 3/2007 tiene por objeto hacer efectivo el derecho de:**

a) Conciliación de la vida laboral y familiar de mujeres y hombres.
b) Igualdad de trato y de oportunidades entre mujeres y hombres.

c) Participación en los asuntos públicos en igualdad de condiciones.

d) No discriminación por razón de sexo.

**16. Las obligaciones establecidas en la LO 3/2007 son de aplicación a:**

a) A toda persona, física o jurídica, que se encuentre o actúe en territorio español, cualquiera que fuese su nacionalidad, domicilio o residencia.

b) A todos los ciudadanos españoles, ya sea en territorio español o territorio de cualquier país extranjero.

c) A toda persona, física o jurídica, que se encuentre o actúe en territorio español, con nacionalidad española.

d) A toda persona, física o jurídica, que resida en territorio español, cualquiera que fuese su nacionalidad.

**17. Según el artículo 4 de la LO 3/2007, la igualdad de trato y de oportunidades entre mujeres y hombres:**

a) Es un deber de las Administraciones Públicas.

b) Es una fuente formal del Derecho.

c) Es un principio informador del ordenamiento jurídico.

d) Es un objetivo fundamental del procedimiento administrativo.

**18. Señalar la opción incorrecta. Según el artículo 3 de la LO 3/2007, el principio de igualdad de trato entre mujeres y hombres supone la ausencia de toda discriminación, directa o indirecta, por razón de sexo, y especialmente, las derivadas de:**

a) La maternidad.

b) La tendencia sexual.

c) La asunción de obligaciones familiares.

d) El estado civil.

**19. La situación en que se encuentra una persona que sea, haya sido o pudiera ser tratada, en atención a su sexo, de manera menos favorable que otra en situación comparable, se considera:**

a) Discriminación directa.

b) Acoso sexual.

c) Discriminación indirecta.

d) Violencia de género.

**20. Cualquier comportamiento realizado en función del sexo de una persona, con el propósito o el efecto de atentar contra su dignidad y de crear un entorno intimidatorio, degradante u ofensivo, constituye:**

a) Discriminación directa.

b) Acoso sexual.

c) Acoso por razón de sexo.
d) Discriminación indirecta.

**21. La capacidad y la legitimación para intervenir en los procesos civiles, sociales y contencioso-administrativos que versen sobre la defensa del derecho de igualdad entre mujeres y hombres, corresponden a:**

a) La persona acosada, únicamente.
b) Cualquier ciudadano.
c) Las personas físicas y jurídicas con interés legítimo.
d) Cualquier persona jurídica.

**22. ¿Cuál es la Ley Foral que regula, en el ámbito de la Comunidad Foral de Navarra, la igualdad entre Mujeres y Hombres?**

a) LF 2/2011, de 11 de marzo.
b) LF 7/2004, de 16 de julio.
c) LF 4/2019, de 19 de febrero.
d) LF 17/2019, de 4 de abril.

**23. ¿Cómo se denomina al acceso al mismo trato y oportunidades para el reconocimiento, goce o pleno ejercicio de los derechos humanos y las libertades fundamentales?**

a) Igualdad sustantiva.
b) Perspectiva de género.
c) Transversalidad de género.
d) Corresponsabilidad.

**24. La situación por la que las mujeres y hombres ocupan mayoritariamente determinadas profesiones, eligen determinados estudios o se distribuyen el uso del tiempo o del espacio, entre otros ámbitos, debido a roles y estereotipos de género se llama:**

a) Brecha de género.
b) Discriminación múltiple.
c) Segregación ocupacional.
d) Desigualdad sustantiva.

**25. Para fomentar la autonomía y participación de las mujeres como estrategia para avanzar hacia la justicia social y la consecución de la igualdad los poderes públicos de la Comunidad de Navarra deberán:**

a) Garantizar la efectividad del principio constitucional.
b) Empoderar a las mujeres.

c) Promover acciones positivas.

d) Transversalizar el principio de igualdad.

**26. Según el artículo 22 de LF 17/2019, todos los anteproyectos de ley foral, las disposiciones normativas de carácter general y los planes que se sometan a la aprobación del Gobierno de Navarra, así como las ordenanzas elaboradas por las Entidades Locales, deberán incorporar:**

a) Acciones positivas para promover la consecución de la igualdad real y efectiva entre mujeres y hombres.

b) El principio de representación equilibrada.

c) Transparencia para avanzar en una sociedad democrática que visibilice las desigualdades para actuar contra ellas.

d) Un informe sobre impacto por razón de género.

**27. El órgano consultivo y de participación superior en la Comunidad Foral de Navarra en materia de igualdad entre mujeres y hombres es:**

a) Las Unidades de Igualdad.

b) El Instituto Navarro para la Igualdad.

c) El Consejo Navarro de Igualdad.

d) La Comisión Interdepartamental para la Igualdad.

**28. ¿Qué organismo es el responsable de elaborar el Plan Estratégico para la Igualdad de Navarra?**

a) Las Unidades de Igualdad.

b) El Instituto Navarro para la Igualdad.

c) El Consejo Navarro de Igualdad.

d) La Comisión Interdepartamental para la Igualdad.

**29. ¿A quién corresponde promover las políticas necesarias para que el derecho a la igualdad entre mujeres y hombres sea una realidad en el ámbito territorial de la Comunidad Foral de Navarra?**

a) Al Gobierno de Navarra.

b) Al Consejo Navarro de Igualdad.

c) Al Departamento de Presidencia del Gobierno de Navarra.

d) Al Instituto Navarro de Igualdad.

**30. ¿A quién corresponde la competencia para la imposición de sanciones por infracciones leves o graves en materia de igualdad?**

a) A la Consejera o Consejero del Departamento competente en materia de políticas de igualdad.

b) A la persona titular de la Dirección Gerente del Instituto Navarro para la Igualdad.

c) Al departamento de investigación del Gobierno de Navarra.

d) Al órgano competente dependiente del Ministerio Fiscal.

**31. Los planes de igualdad de mujeres y hombres del sector público y de las empresas que gestionan servicios públicos, que serán negociados con la representación legal de su personal, deberán cumplir, entre otros, uno de los siguientes requisitos. Indica cuál:**

a) Regular en el articulado la propia evaluación, que debe ser cuatrimestral.

b) Incluir medidas específicas para la adecuación, en su caso, a las peculiaridades del rol del padre y la madre.

c) Formar parte, como anexo, del plan de riesgos laborales de la correspondiente Administración Pública u organismos autónomos.

d) Fijar, previa elaboración de un diagnóstico de la situación, los objetivos concretos de igualdad efectiva a alcanzar, las estrategias y prácticas a adoptar para su consecución, así como el establecimiento de sistemas eficaces de seguimiento y evaluación de los objetivos fijados.

**32. Para concretar las sanciones que proceda imponer y, en su caso, para graduar la cuantía de las multas y la duración de las sanciones temporales, las autoridades competentes mantendrán la proporción adecuada entre la gravedad del hecho constitutivo de la infracción. Uno de los criterios será:**

a) El grado de parentesco con el infractor.

b) La discriminación múltiple y la victimización secundaria.

c) La trascendencia psicológica.

d) El pago de todos los tributos por parte del infractor.

**33. Las infracciones graves en materia de igualdad prescriben:**

a) A los seis meses.

b) A los tres meses.

c) Al año.

d) A los dos años.

**34. A los efectos de la LF 17/2019, existe *reincidencia* cuando la persona responsable de las infracciones previstas en la misma sea sancionada mediante una resolución firme por otra infracción de la misma naturaleza en el plazo, a contar a partir de la notificación de la resolución, de:**

a) 1 año.

b) 2 años.

c) 3 años.

d) 4 años.

**35. El Gobierno de Navarra, las Administraciones Públicas, los organismos públicos vinculados o dependientes, así como las entidades, públicas o privadas, que gestionan servicios públicos deben aprobar, si no disponen ya de él, un plan de igualdad de oportunidades destinado a su personal, si tienen -------------------------- trabajadores/as:**

a) Entre 10 y 20.
b) Entre 20 y 40.
c) 50 o más.
d) 50 o menos.

# Solución al test n.º 12

**1.** c) La información pública.

**2.** a) 20.000 euros.

**3.** b) Reutilización.

**4.** d) Principio antiformalista del procedimiento.

**5.** c) Valor esencial del sistema de Gobierno Abierto, que impregna toda la actividad y organización de los sujetos obligados que tienen el deber de poner a disposición de la ciudadanía, legítima propietaria de la información pública, bien de manera proactiva, bien previa solicitud, la información pública que posean y de dar a conocer el proceso y las decisiones adoptadas de acuerdo a su competencia, así como las acciones en el ejercicio de sus funciones y la evaluación de las mismas.

**6.** a) Actualizados.

**7.** c) Los responsables y encargados del tratamiento de datos así como todas las personas que intervengan en cualquier fase de este.

**8.** c) Inequívoca.

**9.** a) Será preciso que conste de manera específica e inequívoca que dicho consentimiento se otorga para todas ellas.

**10.** a) Cuando así lo prevea una norma de Derecho de la Unión Europea o una norma con rango de ley.

**11.** c) Tratamiento necesario para fines de medicina preventiva o laboral, evaluación de la capacidad laboral del trabajador, diagnóstico médico, prestación de asistencia o tratamiento de tipo sanitario o social, o gestión de los sistemas y servicios de asistencia sanitaria y social.

**12.** a) Adaptar el ordenamiento jurídico español al Reglamento General de Protección de Datos y completar sus disposiciones.

**13.** a) Sobre el responsable del tratamiento.

**14.** c) Se podrá considerar repetitivo el ejercicio del derecho de acceso en más de una ocasión durante el plazo de seis meses, a menos que exista causa legítima para ello.

**15.** b) Igualdad de trato y de oportunidades entre mujeres y hombres.

**16.** a) A toda persona, física o jurídica, que se encuentre o actúe en territorio español, cualquiera que fuese su nacionalidad, domicilio o residencia.

**17.** c) Es un principio informador del ordenamiento jurídico.

**18.** b) La tendencia sexual.

**19.** a) Discriminación directa.

**20.** c) Acoso por razón de sexo.

**21.** c) Las personas físicas y jurídicas con interés legítimo.

**22.** c) 17/2019, de 4 de abril.

**23.** a) Igualdad sustantiva.

**24.** c) Segregación ocupacional.

**25.** b) Empoderar a las mujeres.

**26.** d) Un informe sobre impacto por razón de género.

**27.** c) El Consejo Navarro de Igualdad.

**28.** b) El Instituto Navarro para la Igualdad.

**29.** a) Al Gobierno de Navarra.

**30.** b) A la persona titular de la Dirección Gerente del Instituto Navarro para la Igualdad.

**31.** d) Fijar, previa elaboración de un diagnóstico de la situación, los objetivos concretos de igualdad efectiva a alcanzar, las estrategias y prácticas a adoptar para su consecución, así como el establecimiento de sistemas eficaces de seguimiento y evaluación de los objetivos fijados.

**32.** b) La discriminación múltiple y la victimización secundaria.

**33.** c) Al año.

**34.** a) 1 año.

**35.** c) 50 o más.

# PARTE ESPECÍFICA

# TEST N.º 1

**Ley Foral 15/2006, de 14 de diciembre, de Servicios Sociales: Título Preliminar: Disposiciones generales; Título I: Derechos y deberes; Título II: El Sistema Público de Servicios Sociales: Capítulo I. Disposiciones generales; Capítulo II. Elementos del Sistema Público de Servicios Sociales; Capítulo III. Las Carteras de Servicios Sociales; Título IX: Inspección y régimen sancionador**

**1. El profesional de referencia tiene como función según la Ley Foral 15/2006, de 14 de diciembre de Servicios Sociales:**

a) Acompañar a las personas usuarias de los servicios sociales durante todo el tiempo que dure la intervención social.

b) Consensuar con las personas usuarias la intervención profesional a realizar y finalizar la relación profesional con éstas cuando ya no sea necesaria e informarles del resultado previsible de su intervención.

c) Canalizar los diferentes servicios y prestaciones que necesite el usuario, asegurando la globalidad y coordinación de todas las intervenciones.

d) Son correctas a) y b).

**2. De los que se indican a continuación ¿cuál es uno de los objetivos de las políticas de servicios sociales según la Ley Foral 15/2006, de 14 de diciembre, de Servicios Sociales?**

a) Promover la participación de la comunidad en la resolución de las necesidades sociales y en particular de las entidades representativas de los colectivos más desfavorecidos.

b) Eliminar las diferencias existentes en el ámbito del bienestar social entre hombres y mujeres, para lo que se incorporará la perspectiva de género en el diseño y ejecución de los planes y programas.

c) Velar por el respeto a los principios éticos de la intervención social recogidos en los códigos de ética de las distintas profesiones implicadas en los servicios sociales.

d) Todas son correctas.

**3. ¿Cuál de los siguientes es un objetivo de las políticas de servicios sociales según la Ley Foral 15/2006, de 14 de diciembre, de Servicios Sociales?**

a) Promover la felicidad personal, familiar y de los grupos.
b) Favorecer la convivencia de las personas y de los colectivos.
c) Fomentar la inversión social y la solidaridad.
d) Prevenir y atender las situaciones de exclusión de las personas de etnia gitana.

**4. El sistema de servicios sociales funcionará con arreglo a unos principios, señale qué respuesta contiene al menos tres de los que indica la Ley Foral 15/2006, de 14 de diciembre, de Servicios Sociales:**

a) Universalidad, responsabilidad privada y solidaridad.
b) Universalidad, responsabilidad pública, y promoción del voluntariado.
c) Universalidad, prevención y rehabilitación.
d) Universalidad, igualdad y atención a las lenguas autóctonas.

**5. El objeto fundamental de la Ley Foral de Servicios Sociales es:**

a) Configurar un sistema de servicios sociales en la Comunidad Foral de Navarra.
b) Establecer mecanismos de coordinación de las actuaciones públicas en materia de servicios sociales con el resto de áreas de la política social y con las actuaciones de la iniciativa privada, con el fin de conseguir unos servicios sociales que atiendan a las necesidades de las personas.
c) Conseguir el bienestar social de la población, en el ámbito de la Comunidad Foral de Navarra, garantizando el derecho universal de acceso a los servicios sociales.
d) Ninguna es correcta.

**6. Es objeto de la Ley Foral configurar un sistema de servicios sociales en la Comunidad Foral de Navarra que garantice que los servicios que se presten cuenten con las condiciones óptimas para asegurar:**

a) La autonomía, dignidad y calidad de vida de las personas.
b) La autonomía, la igualdad y la vida familiar de las personas.
c) Las necesidades derivadas de la dependencia.
d) La convivencia de las personas y de los colectivos.

**7. Entre los objetivos de las políticas de servicios sociales no se encuentra el siguiente:**

a) Fomentar la cohesión social y la solidaridad.
b) Mejorar la participación de la comunidad en la resolución de las necesidades sociales y en particular evitar la exclusión de las personas y grupos.
c) Velar por el respeto a los principios éticos de la intervención social.
d) Todos los anteriores son objetivos de las políticas de servicios sociales.

**8. Serán titulares del derecho a acceder al sistema de servicios sociales establecido en la Ley Foral de Servicios Sociales:**

a) Los españoles empadronados en cualquiera de los municipios de Navarra.

b) Los españoles empadronados en cualquiera de los municipios de Navarra así como los extranjeros residentes.

c) Los nacionales de los Estados miembros de la Unión Europea empadronados en cualquiera de los municipios de Navarra así como los extranjeros residentes.

d) Ninguna es correcta.

**9. Las personas que se encuentren en Navarra en una situación de urgencia personal e indigencia, familiar o social ¿pueden acceder a las prestaciones del sistema de servicios sociales que permiten atender dicha situación?**

a) Solo si están empadronados en Navarra.

b) Solo en los casos en los que dicha situación sea valorada como urgente, por los profesionales de los servicios sociales.

c) En todo caso.

d) No, en ningún caso.

**10. Los poderes públicos deberán garantizar la disponibilidad de los servicios sociales mediante la regulación y aportación de los medios humanos, técnicos y financieros necesarios para el funcionamiento y la coordinación del sistema, en base al principio de:**

a) Responsabilidad pública.

b) Universalidad.

c) Atención personalizada e integral.

d) Normalización.

**11. ¿Cómo podrán ser las prestaciones del sistema público de servicios sociales?**

a) Técnicas.

b) Económicas.

c) Materiales.

d) Todas son correctas.

**12. ¿Cómo pueden ser prestadas las prestaciones técnicas?**

a) Solo en centros y con carácter permanente.

b) Solo en centros, de forma ambulatoria y con carácter permanente.

c) Con carácter temporal o permanente, en el domicilio, en el entorno del usuario, en centros y sin forma ambulatoria.

d) Ninguna es correcta.

**13. En relación a las prestaciones económicas, señale la respuesta correcta:**

a) Las prestaciones económicas podrán ser garantizadas o no garantizadas, conforme a lo establecido en el Título Preliminar.

b) En todo caso, las Administraciones Públicas de Navarra podrán otorgar a las entidades de iniciativa privada con las que hayan celebrado contratos administrativos, subvenciones para financiar servicios que ya estén incluidos expresamente en dichos contratos.

c) Se consideran prestaciones económicas aquellas disposiciones dinerarias que las Administraciones Públicas reconozcan en el marco establecido por la Ley Foral de Servicios Sociales.

d) Todas son correctas.

**14. Las prestaciones mixtas son las resultantes de la combinación, con fines complementarios de:**

a) Prestaciones técnicas con prestaciones económicas o materiales.

b) Prestaciones económicas con prestaciones materiales.

c) Prestaciones técnicas con prestaciones materiales.

d) Ninguna es correcta.

**15. ¿Cómo pueden ser los equipos técnicos?**

a) Básicos y específicos.

b) Básicos y especializados.

c) Ordinarios y específicos.

d) Básicos y extraordinarios.

**16. Señale la respuesta correcta en relación a la Cartera de Servicios Sociales:**

a) Podrá incluir los estudios económicos de costes y forma de financiación de las diferentes prestaciones.

b) Las prestaciones de la cartera deberán ser sometidas a participación en su coste, debiendo figurar tal circunstancia en aquella.

c) El acceso a las prestaciones garantizadas será exigible en los términos establecidos en la cartera de acuerdo con la disponibilidad presupuestaria.

d) Ninguna es correcta.

**17. ¿Cuántos programas se recogen como contenido mínimo de la Cartera de Servicios Sociales?**

a) Cuatro.

b) Tres.

c) Dos.

d) Cinco.

**18. Respecto a las carteras de servicios sociales de ámbito local, la Ley Foral de Servicios Sociales contempla que:**

a) Las Entidades Locales de Navarra deberán aprobar sus propias carteras de servicios sociales.

b) Las Entidades Locales de Navarra podrán aprobar sus propias carteras de servicios sociales que completen las prestaciones incluidas en la cartera de servicios sociales de ámbito general y cuyo ámbito de aplicación será el territorio del respectivo ente local.

c) A las carteras de servicios sociales de las Entidades Locales no les será de aplicación lo dispuesto en los apartados 2, 3, 4, 5 y 6 del artículo 19 de la Ley Foral de Servicios Sociales.

d) Ninguna es correcta.

**19. Las carteras de servicios sociales de ámbito local se aprobarán mediante:**

a) Decreto de la respectiva Entidad Local.
b) Ordenanza de la respectiva Entidad Local.
c) Previa autorización del Gobierno de Navarra.
d) Ninguna es correcta.

**20. ¿En qué Título se regula la participación cívica?**

a) Título V.
b) Título III.
c) Título IV.
d) Título II.

**21. Los poderes públicos deberán orientar sus actuaciones a favorecer la cohesión social de la población, fomentando el respeto y la aceptación de las diferencias de las personas para conseguir una convivencia en armonía, en base al principio rector de:**

a) Proximidad.
b) Igualdad.
c) Participación cívica.
d) Solidaridad.

**22. ¿A quién le corresponde garantizar la existencia de estándares mínimos de calidad en el sistema de servicios sociales y fomentar la mejora de dichos estándares?**

a) A las Entidades Locales.
b) Al Gobierno de Navarra.
c) Al Parlamento.
d) Ninguna es correcta.

**23. Entre los deberes de los destinatarios de los servicios sociales no se encuentra:**

a) Facilitar información veraz sobre sus circunstancias personales, familiares y económicas, siempre que su conocimiento sea necesario para valorar y atender su situación, así como comunicar las variaciones que se produzcan.
b) Destinar la prestación a la finalidad para la que hubiera sido concedida.
c) Acudir a las entrevistas a las que sea citado por los profesionales de los servicios sociales.
d) Deber de mantener objetos personales significativos para personalizar el entorno donde vive.

**24. Como deber establecido para los usuarios de servicios residenciales, se encuentra:**

a) Respetar al personal de los servicios y sus derechos.
b) Conocer el precio de los servicios que reciben.
c) Contribuir a la financiación del coste del servicio cuando se posea capacidad económica y así se establezca normativamente.
d) Todas son correctas.

**25. Los servicios dirigidos a la prevención, a la promoción de la autonomía y a la atención y apoyo para el bienestar y calidad de vida de las personas y de los grupos de acuerdo con sus respectivas necesidades, son:**

a) Prestaciones materiales.
b) Prestaciones económicas.
c) Prestaciones técnicas.
d) Ninguna es correcta.

**26. En relación a los planes de servicios sociales, es cierto que:**

a) Podrán contar con una evaluación del impacto de género y con una memoria económica.
b) Deberán ser modificados anualmente en función de la evaluación sistemática de sus objetivos y del seguimiento de su aplicación.
c) El procedimiento para su elaboración deberá garantizar la participación de las administraciones competentes para su ejecución, de los órganos de participación y/o cooperación previstos en esta Ley Foral, según proceda, y en el caso de los planes sectoriales, la de las personas afectadas objeto del plan.
d) Todas son correctas.

**27. ¿Qué Plan Estratégico de Servicios Sociales de Navarra está en vigor?**

a) 2019-2023.
b) 2018-2022.
c) 2017-2021.
d) 2016-2020.

**28. Un programa de servicios sociales no puede ser:**

a) Básico.
b) Comunitario.
c) General.
d) Provincial.

**29. Los instrumentos de ejecución parcial de un plan en los que se agrupan diversas actividades ordenadas con un cierto grado de homogeneidad, con el fin de conseguir los resultados previstos en el plan, se denominan:**

a) Planes de servicios sociales.
b) Programas de servicios sociales.
c) Planes sectoriales de servicios sociales.
d) Ninguna es correcta.

**30. El instrumento en el que se establecen las prestaciones del sistema público de servicios sociales, es:**

a) El Plan Estratégico de Servicios Sociales.
b) El Plan Sectorial de Servicios Sociales.
c) La Cartera de Servicios Sociales.
d) Los Equipos técnicos.

**31. ¿Qué cualidad tiene el personal inspector del Departamento competente en materia de servicios sociales según la Ley Foral?**

a) Funcionario con carácter honorífico.
b) Personal eventual designado por los servicios sociales de base.
c) Consideración de agente de la autoridad.
d) Personal contratado de entidades privadas.

**32. ¿Cuál de las siguientes NO constituye una infracción leve?**

a) No disponer de un sistema de quejas y sugerencias.
b) Maltrato físico al usuario.
c) Cambio de titularidad del servicio sin autorización.
d) No tener actualizado el registro de usuarios.

**33. ¿Cuál de estos es sujeto responsable de una infracción según la ley?**

a) Solo el titular de la entidad.
b) También el gerente, director o responsable técnico.
c) Exclusivamente los trabajadores sociales.
d) Únicamente el usuario.

**34. ¿Qué infracción comete un servicio que actúe sin la autorización administrativa específica del artículo 74?**

a) Infracción leve.
b) Infracción muy grave.
c) Infracción inexistente si se solicita después.
d) Infracción administrativa de tipo fiscal.

**35. ¿Cuál de las siguientes es una infracción grave?**

a) Impedir la participación cívica en servicios sociales.
b) Incumplir el deber de confidencialidad.
c) No comunicar el precio del servicio al usuario.
d) Inexistencia de reglamento interno.

**36. El incumplimiento de la normativa sobre sujeciones físicas sin protocolo es considerado una infracción...:**

a) Leve.
b) Grave.
c) Muy leve.
d) Muy grave.

**37. ¿Cuál de estas conductas es calificada como infracción muy grave?**

a) Impedir ingreso voluntario en un centro.
b) No elaborar plan de atención individual.
c) No tener registro de usuarios actualizado.
d) Someter al usuario a maltratos físicos.

**38. ¿Qué infracción comete un usuario que destina la prestación recibida a otro fin?**

a) Infracción leve.
b) Infracción inexistente.
c) Infracción muy grave.
d) Infracción administrativa media.

**39. ¿Cuál es el importe máximo de multa por infracciones graves?**

a) 1.500 euros.
b) 24.000 euros.
c) 150.000 euros.
d) 75.000 euros.

**40. ¿Cuál es la sanción máxima por infracción muy grave?**

a) 24.000 euros.
b) Inhabilitación por 1 año.
c) Amonestación escrita.
d) 150.000 euros.

**41. ¿Qué medida sancionadora puede implicar la pérdida de la homologación?**

a) Grave.
b) Muy grave.
c) Leve.
d) Solo si hay reincidencia.

**42. Las infracciones graves prescriben en un plazo de...:**

a) Un año.
b) Tres años.
c) Cuatro años.
d) Seis meses.

**43. ¿Cuál de las siguientes sanciones accesorias solo se aplica a infracciones muy graves?**

a) Amonestación por escrito.
b) Suspensión del servicio.
c) Prohibición temporal de aceptar usuarios.
d) Registro de usuarios desactualizado.

**44. ¿Cuál de los siguientes criterios se considera para graduar las sanciones?**

a) Cargo institucional del infractor.
b) Grado de intencionalidad.
c) Número de trabajadores del centro.
d) Domicilio social de la entidad.

**45. Las multas coercitivas podrán imponerse cuando...:**

a) Se trate de infracciones leves sin sanción.
b) Exista error en la evaluación del centro.
c) No se cumpla un requerimiento previo.
d) El usuario no firme el plan de atención.

**46. ¿Qué debe hacer la Administración si impone medidas cautelares antes del procedimiento?**

a) Archivar la denuncia.
b) Ratificarlas tras 30 días.
c) Iniciar procedimiento en 15 días.
d) Comunicarlo a la entidad sin más trámite.

**47. La sanción de revocación de autorización administrativa es...:**

a) Principal.
b) Accesoria.
c) No permitida.
d) Opcional para todas las infracciones.

**48. ¿Qué infracción comete quien actúa como servicio público sin homologación?**

a) Leve.
b) Muy leve.
c) Grave.
d) Muy grave.

**49. ¿Qué sanción puede aplicarse por reincidencia en infracción grave?**

a) Amonestación.
b) Suspensión de seis meses.
c) Aumento de la sanción según criterios de graduación.
d) Solo se acumula al expediente.

**50. ¿Cuándo prescriben las infracciones muy graves?**

a) 1 año.
b) 2 años.
c) 4 años.
d) No prescriben.

# Solución al test n.º 1

**1.** c) Canalizar los diferentes servicios y prestaciones que necesite el usuario, asegurando la globalidad y coordinación de todas las intervenciones.

**2.** b) Eliminar las diferencias existentes en el ámbito del bienestar social entre hombres y mujeres, para lo que se incorporará la perspectiva de género en el diseño y ejecución de los planes y programas.

**3.** b) Favorecer la convivencia de las personas y de los colectivos.

**4.** b) Universalidad, responsabilidad pública, y promoción del voluntariado.

**5.** c) Conseguir el bienestar social de la población, en el ámbito de la Comunidad Foral de Navarra, garantizando el derecho universal de acceso a los servicios sociales.

**6.** a) La autonomía, dignidad y calidad de vida de las personas.

**7.** b) Mejorar la participación de la comunidad en la resolución de las necesidades sociales y en particular evitar la exclusión de las personas y grupos.

**8.** c) Los nacionales de los Estados miembros de la Unión Europea empadronados en cualquiera de los municipios de Navarra así como los extranjeros residentes.

**9.** c) En todo caso.

**10.** a) Responsabilidad pública.

**11.** d) Todas son correctas.

**12.** d) Ninguna es correcta.

**13.** c) Se consideran prestaciones económicas aquellas disposiciones dinerarias que las Administraciones Públicas reconozcan en el marco establecido por la Ley Foral de Servicios Sociales.

**14.** a) Prestaciones técnicas con prestaciones económicas o materiales.

**15.** b) Básicos y especializados.

**16.** d) Ninguna es correcta.

**17.** a) Cuatro.

**18.** b) Las Entidades Locales de Navarra podrán aprobar sus propias carteras de servicios sociales que completen las prestaciones incluidas en la cartera de servicios sociales de ámbito general y cuyo ámbito de aplicación será el territorio del respectivo ente local.

**19.** b) Ordenanza de la respectiva Entidad Local.

**20.** a) Título V.

**21.** d) Solidaridad.

**22.** b) Al Gobierno de Navarra.

**23.** d) Deber de mantener objetos personales significativos para personalizar el entorno donde vive.

**24.** a) Respetar al personal de los servicios y sus derechos.

**25.** c) Prestaciones técnicas.

**26.** c) El procedimiento para su elaboración deberá garantizar la participación de las administraciones competentes para su ejecución, de los órganos de participación y/o cooperación previstos en esta Ley Foral, según proceda, y en el caso de los planes sectoriales, la de las personas afectadas objeto del plan.

**27.** a) 2019-2023.

**28.** d) Provincial.

**29.** b) Programas de servicios sociales.

**30.** c) La Cartera de Servicios Sociales.

**31.** c) Consideración de agente de la autoridad.

**32.** b) Maltrato físico al usuario.

**33.** b) También el gerente, director o responsable técnico.

**34.** a) Infracción leve.

**35.** b) Incumplir el deber de confidencialidad.

**36.** b) Grave.

**37.** d) Someter al usuario a maltratos físicos.

**38.** a) Infracción leve.

**39.** b) 24.000 euros.

**40.** d) 150.000 euros.

**41.** b) Muy grave.

**42.** b) Tres años.

**43.** b) Suspensión del servicio.

**44.** b) Grado de intencionalidad.

**45.** c) No se cumpla un requerimiento previo.

**46.** c) Iniciar procedimiento en 15 días.

**47.** b) Accesoria.

**48.** c) Grave.

**49.** c) Aumento de la sanción según criterios de graduación.

**50.** c) 4 años.

# TEST N.º 2

**Decreto Foral 69/2008, de 17 de junio, por el que se aprueba la Cartera de Servicios Sociales de ámbito general: prestaciones garantizadas y no garantizadas de las áreas de atención a la dependencia y personas con discapacidad**

**1. La Ley Foral 15/2006, de 14 de diciembre, de Servicios Sociales, dispone que el instrumento en el que se establecen las prestaciones del sistema público de servicios sociales es:**

a) La Cartera de Servicios Sociales.
b) El catálogo de Prestaciones Sociales.
c) El Plan de Servicios y Prestaciones Sociales.
d) El Sistema Público de Servicios Sociales.

**2. La diferencia entre prestaciones garantizadas y no garantizadas reside en:**

a) Que unas se prestan siempre y las otras cuando hay presupuesto.
b) Que las primeras son exigibles y las segundas, únicamente, cuando exista dotación presupuestaria.
c) Que aquellas se prestan por todos los centros sociales y estas sólo cuando se emita una dotación económica a tal fin.
d) Que las garantizadas son universales y las otras no.

**3. ¿Qué prestaciones sociales garantizadas que ofrecen atención residencial no exigen copago?**

a) Todas.
b) Ninguna.
c) Las de atención a la dependencia exclusivamente.
d) Sólo las de atención a la discapacidad.

**4. ¿Cuál de los siguientes servicios tiene un plazo de concesión distinto a los tres meses que se establecen para la generalidad de las prestaciones garantizadas?**

a) El Servicio de atención residencial para personas mayores.
b) El Servicio de ingresos temporales para personas con discapacidad.

c) La prestación económica para la permanencia en el domicilio de las personas dependientes y apoyo a las personas cuidadoras de éstas.

d) El Servicio de transporte adaptado y asistido.

**5. Todos los recursos asignados al en el Programa Individual de Atención (PIA) tienen en común:**

a) Que exigen un grado de dependencia severa.

b) Que se tratan de prestaciones no garantizadas.

c) Que ninguno exige copago.

d) Que son siempre prestaciones garantizadas.

**6. Las prestaciones del Sistema para la Autonomía y Atención a la Dependencia:**

a) Son públicas de dotación presupuestaria privadas.

b) Son de carácter privado, gestionadas a través del tercer sector, pero de dotación pública.

c) Tienen carácter exclusivamente público.

d) Son privadas.

**7. La cuantía mayor que ofrece la prestación económica para la permanencia en el domicilio de las personas dependientes y apoyo a las personas cuidadoras de éstas, está dirigida a:**

a) Grandes dependientes.

b) Dependientes severos.

c) Personas mayores.

d) Las personas cuidadoras.

**8. El Servicio de atención ambulatoria para la valoración y suficiencia requerido para el ingreso en un centro especial de empleo se denomina:**

a) Servicio de valoración de la idoneidad ocupacional.

b) Servicio de valoración de la discapacidad.

c) Servicio de orientación de productos de apoyo y asesoramiento en adaptación funcional de vivienda y eliminación de barreras.

d) Servicio de valoración de la situación familiar para el acceso a una plaza residencial.

**9. La prestación no garantizada de teleasistencia exige tener un grado de discapacidad:**

a) Absoluta.

b) Severa.

c) Moderada.

d) Igual o superior al 33%.

**10. ¿Cuál es la diferencia entre la prestación garantizada prestada por la Oficina de vida independiente y la no garantizada?**

a) El grado de discapacidad, pues para una se exige un 65% y para la otra, un 33%.

b) El nivel económico de la persona dependiente.

c) Tener reconocida un grado de dependencia o un grado de discapacidad.

d) haber residido o no en Navarra durante los dos años anteriores a la solicitud.

# Solución al test n.º 2

**1.** a) La Cartera de Servicios Sociales.

**2.** b) Que las primeras son exigibles y las segundas, únicamente, cuando exista dotación presupuestaria.

**3.** b) Ninguna.

**4.** c) La prestación económica para la permanencia en el domicilio de las personas dependientes y apoyo a las personas cuidadoras de éstas.

**5.** d) Que son siempre prestaciones garantizadas.

**6.** c) Tienen carácter exclusivamente público.

**7.** a) Grandes dependientes.

**8.** a) Servicio de valoración de la idoneidad ocupacional.

**9.** d) Igual o superior al 33%.

**10.** c) Tener reconocida un grado de dependencia o un grado de discapacidad.

# TEST N.º 3

**Ley 39/2006, de 14 de diciembre, de Promoción de la Autonomía Personal y Atención a las personas en situación de dependencia: Disposiciones generales. Prestaciones y Catálogo de servicios de atención del sistema para la autonomía y atención a la dependencia. Grados de dependencia y su valoración**

**1. La Ley 39/2006, de 14 de diciembre, tiene por objeto:**

a) La regulación de los derechos de las personas usuarias de los servicios sociales residenciales y de atención diurna.

b) Regular la prestación de servicios asistenciales en condiciones de igualdad a la ciudadanía en situación de discapacidad y dependencia.

c) Regular las condiciones básicas que garanticen el ejercicio del derecho a la promoción de la autonomía personal y atención a las personas en situación de dependencia.

d) La protección de los derechos de aquellas personas en situación de dependencia para el desarrollo de actividades de la vida diaria como el cuidado personal, las tareas domésticas o la movilidad.

**2. ¿Cómo pretende la Ley 39/2006 conseguir el objetivo que persigue?**

a) A través de las dotaciones presupuestarias suficientes para garantizar las prestaciones que la misma establece.

b) Por la atención continua y permanente de los usuarios de los servicios que ofrece.

c) Con la colaboración y coordinación de todas las entidades públicas y privadas que concurren en el sector.

d) Mediante la creación de un Sistema para la Autonomía y Atención a la Dependencia.

**3. A la capacidad de controlar, afrontar y tomar, por propia iniciativa, decisiones personales acerca de cómo vivir de acuerdo con las normas y preferencias propias se la denomina:**

a) Resiliencia.

b) Autonomía.

c) Independencia.

d) Consecución.

**4. Actividades Básicas de la Vida Diaria (ABVD) son:**

a) Las tareas más elementales de la persona, que le permiten desenvolverse con un mínimo de autonomía e independencia.

b) Las normas imprescindibles de cuidado personal.

c) Aquellas tareas capitales para la subsistencia del ser humano.

d) Las reglas de conciencia que permiten a una persona identificarse con su forma de conducirse diariamente.

**5. ¿Qué es el tercer sector?**

a) Entidades públicas dedicadas al sustento de la dependencia.

b) Organismos internacionales de carácter público que actúan en el ámbito de la dependencia.

c) Conjunto de fundaciones de capital público creadas con fines solidarios para la atención a las personas en situación de vulnerabilidad social.

d) Organizaciones de carácter privado que impulsan el reconocimiento y el ejercicio de los derechos sociales.

**6. Las prestaciones del Sistema para la Autonomía y Atención a la Dependencia:**

a) Son públicas de dotación presupuestaria privadas.

b) Son de carácter privado, gestionadas a través del tercer sector, pero de dotación pública.

c) Tienen carácter exclusivamente público.

d) Son privadas.

**7. No es uno de los principios de la le Ley 39/2006, de 14 de diciembre:**

a) El establecimiento de las medidas adecuadas de prevención, rehabilitación, estímulo social y mental.

b) La calidad, sostenibilidad y accesibilidad de los servicios de atención a las personas en situación de dependencia.

c) La transversalidad de las políticas de atención a las personas en situación de dependencia.

d) La garantía de una información adecuada sobre los tratamientos o medidas necesarias.

**8. La Ley 39/2006, en cuanto a la promoción de la autonomía personal y atención a la situación de dependencia, prevé la participación del tercer sector en:**

a) Los servicios y prestaciones.

b) La calidad, sostenibilidad y accesibilidad.

c) El establecimiento de las medidas adecuadas de prevención, rehabilitación, estímulo social y mental.

d) La cooperación interadministrativa.

**9. Para la Ley 39/2006, la inclusión de la perspectiva de género:**

a) Es un objetivo.
b) Es una finalidad.
c) No se prevé.
d) Es un principio.

**10. ¿Cuál de los siguientes es un derecho específico reconocido para las personas en situación de dependencia según la legislación vigente?**

a) A ingresar libremente en centros residenciales, únicamente, cuando sean de carácter público.
b) A recibir información técnica exclusivamente a través de profesionales sanitarios.
c) Al ejercicio pleno de sus derechos patrimoniales.
d) A no tener obligación de ser representado por quien ostente su patria potestad por motivos de dependencia.

**11. De acuerdo con los derechos establecidos para personas en situación de dependencia, ¿cuál de los siguientes enunciados es correcto?**

a) Pueden ser incluidos en proyectos de investigación sin necesidad de autorización.
b) Pueden ejercer plenamente sus derechos jurisdiccionales ante internamientos involuntarios.
c) Deben delegar obligatoriamente su capacidad de decisión en tutores legales.
d) Solo pueden recibir información médica a través de quien ostente su legal representación.

**12. ¿Durante cuánto tiempo debe haber estado residiendo en territorio español una persona para ser considerado beneficiario de los derechos reconocidos a las personas en situación de dependencia?**

a) Cinco, siendo dos de ellos en el momento inmediato anterior a la solicitud.
b) Cinco, pero solo para aquellas personas que no sean españoles de origen.
c) No se exige residencia previa.
d) Los dos años anteriores a la fecha de presentación de la solicitud.

**13. ¿Cuál de los siguientes es un objetivo de las prestaciones de dependencia?**

a) La valoración individualizada de las necesidades y problemas de las personas en situación de dependencia.
b) Facilitar una existencia autónoma en su medio habitual, todo el tiempo que desee y sea posible.

c) La promoción en los servicios sociales públicos de un mayor grado de autonomía física, mental y psicosocial, en un contexto de bienestar y respeto.

d) La transversalidad de las políticas de empleo para la inclusión social.

**14. Las prestaciones de atención a la dependencia podrán tener la naturaleza de:**

a) Subvenciones y remuneraciones.
b) Medidas de apoyo y prestaciones.
c) Colaboraciones y voluntariado.
d) Servicios y prestaciones económicas.

**15. ¿A quiénes encarga la Ley 39/2006 la prestación de los servicios ofrecidos en el Catálogo de prestaciones?**

a) Al Estado.
b) Al tercer sector.
c) A las comunidades autónomas.
d) A los ayuntamientos y entidades locales.

**16. Los servicios del Catálogo tendrán carácter prioritario y se prestarán a través de la oferta pública del o de la:**

a) Oficina de vida independiente.
b) Red de Servicios Sociales.
c) Plan de atención individualizada.
d) Sistema de Atención a la dependencia.

**17. Cuando alguno de los servicios del Catálogo de prestaciones no pueda ser atendido, se incorporará la prestación económica vinculada, que aparecerá refleja-da en los o las:**

a) Decretos.
b) Reglamentos.
c) Ordenanzas.
d) Convenios.

**18. Se denomina dependencia moderada cuando:**

a) La persona necesita ayuda para realizar varias actividades básicas de la vida diaria dos o tres veces al día, pero no quiere el apoyo permanente de un cuidador.

b) Extraer el agua del circuito.

c) La persona necesita ayuda para realizar varias actividades básicas de la vida diaria, al menos una vez al día.

d) La persona necesita ayuda para realizar varias actividades básicas de la vida diaria varias veces al día y necesita el apoyo indispensable y continuo de otra persona.

**19. Cuando la persona tiene necesidades de apoyo extenso para su autonomía personal se calificará como dependiente de grado:**

a) I.
b) IV.
c) III.
d) II.

**20. El órgano encargado de aprobar el baremo para la valoración de los grados de dependencia es:**

a) El Gobierno.
b) El Comité Consultivo del Sistema para la Autonomía y Atención a la Dependencia.
c) El Consejo Territorial de Servicios Sociales y del Sistema para la Autonomía y Atención a la Dependencia.
d) El Consejo Estatal de Acción Social.

# Solución al test n.º 3

**1.** c) Regular las condiciones básicas que garanticen el ejercicio del derecho a la promoción de la autonomía personal y atención a las personas en situación de dependencia.

**2.** d) Mediante la creación de un Sistema para la Autonomía y Atención a la Dependencia.

**3.** b) Autonomía.

**4.** a) Las tareas más elementales de la persona, que le permiten desenvolverse con un mínimo de autonomía e independencia.

**5.** d) Organizaciones de carácter privado que impulsan el reconocimiento y el ejercicio de los derechos sociales.

**6.** c) Tienen carácter exclusivamente público.

**7.** d) La garantía de una información adecuada sobre los tratamientos o medidas necesarias.

**8.** a) Los servicios y prestaciones.

**9.** d) Es un principio.

**10.** c) Al ejercicio pleno de sus derechos patrimoniales.

**11.** b) Pueden ejercer plenamente sus derechos jurisdiccionales ante internamientos involuntarios

**12.** a) Cinco, siendo dos de ellos en el momento inmediato anterior a la solicitud.

**13.** b) Facilitar una existencia autónoma en su medio habitual, todo el tiempo que desee y sea posible.

**14.** d) Servicios y prestaciones económicas.

**15.** c) A las comunidades autónomas.

**16.** b) Red de Servicios Sociales.

**17.** d) Convenios.

**18.** c) La persona necesita ayuda para realizar varias actividades básicas de la vida diaria, al menos una vez al día.

**19.** d) II.

**20.** a) El Gobierno.

# TEST N.º 4

**Las medidas de apoyo a las personas con discapacidad para el ejercicio de su capacidad jurídica reguladas en el artículo segundo, apartado 23, de la Ley 8/2021, de 2 de junio, que modifica el título XI del Libro Primero del Código Civil**

**1. ¿Qué medidas de apoyo a las personas con discapacidad procederán primero cuando se precisen para el adecuado ejercicio de su capacidad jurídica?**

a) Las de origen legal.
b) Las que prevea el propio discapacitado.
c) Las judiciales.
d) Las prescritas médicamente.

**2. ¿Cuál de las siguientes no se consideran medidas de apoyo a personas con discapacidad?**

a) La curatela.
b) La tutela.
c) La guarda de hecho.
d) Las de naturaleza voluntaria.

**3. ¿Cuándo procede el nombramiento de defensor judicial?**

a) En ningún caso.
b) Cuando la necesidad de apoyo se precise de forma ocasional, aunque sea recurrente.
c) Cuando no haya medidas voluntarias o judiciales que se estén aplicando eficazmente.
d) Cuando el apoyo se precise de modo continuado.

**4. ¿Cuál de las siguientes actuaciones no les está prohibida a las personas que desempeñen medidas de apoyo?**

a) Recibir liberalidades de la persona que precisa el apoyo.
b) Ejercer funciones representativas de las persona necesitada de apoyo.

c) Adquirir por título oneroso bienes de la persona que precisa el apoyo.

d) Prestar medidas de apoyo cuando en el mismo acto intervenga en nombre propio o de un tercero y existiera conflicto de intereses.

**5. Cuando una persona se encuentre en una situación que exija apoyo para el ejercicio de su capacidad jurídica de modo urgente y carezca de un guardador de hecho, el apoyo se prestará de modo provisional por:**

a) La entidad pública que en el respectivo territorio tenga encomendada esta función.

b) El Ministerio Fiscal.

c) El Juez.

d) Su pariente más cercano en consanguineidad o afinidad.

**6. Procederá la adopción de medidas de apoyo para un menor cuando se prevea que las necesitará una vez se extinga la patria potestad o tutela a la que estuviere sujeto:**

a) Cuando alcance la mayoría de edad.

b) Cuando el mismo lo decida.

c) En ningún caso, pues se entiende prorrogada la patria potestad o tutela.

d) En los dos años anteriores a la mayoría de edad.

**7. La persona mayor de edad o menor emancipada podrá prever medidas de apoyo relativas a su persona o bienes mediante:**

a) Un procedimiento judicial sumario.

b) Un procedimiento judicial con todas las garantías.

c) Un expediente administrativo.

d) Escritura pública notarial.

**8. Los poderes notariales preventivos en caso de que se adopten medidas de apoyo:**

a) Se anulan.

b) Pueden subsistir y coexistir ambos.

c) Se cancelan cuantas clausulas se hayan dispuesto con esa finalidad.

d) No es posible prever en ese sentido en un poder notarial.

**9. ¿Qué se prevé ocurra con la guarda de hecho cuando existan medidas de apoyo voluntarias o judiciales?**

a) Que puede continuar siempre que dichas medidas no se estén aplicando eficazmente.

b) Que la persona que la ejerza debe cesar inmediatamente.

c) Que pueden coexistir siempre que las medidas sean voluntarias.

d) Que solo podrá seguir ejerciéndola cuando se trate del cónyuge.

**10. ¿En qué supuestos no necesita el guardador de hecho autorización judicial para prestar consentimiento en nombre de la persona con discapacidad?**

a) Aceptar sin beneficio de inventario cualquier herencia.

b) Cuando solicite una prestación económica a favor de esta que no suponga un cambio significativo en la forma de vida de la persona.

c) Enajenar o gravar bienes inmuebles.

d) Dar y tomar dinero a préstamo, cuando sea de escasa cuantía.

**11.¿En cuál de los siguientes supuestos no se extinguiría la guarda de hecho?**

a) Cuando se dicten medidas de apoyo de carácter judicial.

b) Cuando la persona a quien se preste apoyo solicite que este se organice de otro modo.

c) Cuando desaparezcan las causas que la motivaron.

d) Cuando el guardador desista de su actuación.

**12. Por regla general, las medidas de apoyo adoptadas judicialmente serán revisadas periódicamente en un plazo máximo de:**

a) Un año.

b) Dos años.

c) Cinco años.

d) Tres años.

**13. La determinación por la autoridad judicial de los actos concretos en los que el curador habrá de asumir la representación de la persona con discapacidad:**

a) Es condición exigida para la válida constitución de la curatela.

b) Solo procede cuando se designe, además, un defensor judicial.

c) Se lleva a cabo siempre que las medidas sean de carácter voluntario.

d) Sólo se da en casos excepcionales.

**14. ¿Qué es la autocuratela?**

a) Es cuando la persona que precisa medidas de apoyo se nombra asimismo para desempeñarlas asistida de un defensor judicial.

b) Es cuando se nombra curador a quien viniera ejerciendo la guarda de hecho.

c) Es una figura únicamente aplicable a los menores no emancipados.

d) Es cuando una persona que prevea necesita medidas de apoyo constituye a otra persona como curador o excluye a otras para el ejercicio de esta función.

**15. En cuanto a la curatela voluntaria:**

a) No es posible delegar en otra persona la elección del curador.

b) Si se nombran sustitutos al curador y no se concreta el orden de la sustitución, será preferido el propuesto de mayor edad.

c) Podrá ser elegidos curadores personas jurídicas.

d) La autoridad judicial no puede prescindir, al constituir la tutela, de las disposiciones voluntarias de la persona necesitada de apoyo.

**16. No podrá nombrarse curador, salvo circunstancias excepcionales debidamente motivada:**

a) Quienes hayan sido excluidos por la persona que precise apoyo.

b) Quienes hubieren sido legalmente removidos de una tutela, curatela o guarda anterior.

c) Quienes por resolución judicial estuvieran privados o suspendidos en el ejercicio de la patria potestad.

d) Quienes tuvieran algún conflicto de intereses con la persona que precise apoyo.

**17. El defecto de propuesta de nombramiento de curador por la persona que precise apoyo o en quien esta hubiera delegado, será nombrado preferentemente:**

a) El hijo.
b) El cónyuge.
c) El progenitor.
d) El guardador de hecho.

**18. ¿De qué plazo dispone el nombrado curador para excusarse del desempeño del cargo?**

a) Un mes.
b) Tres meses.
c) Quince días.
d) En cualquier momento.

**19. El cese en el cargo de curador se denomina:**

a) Excusa.
b) Reparación.
c) Anulación.
d) Remoción.

**20. El curador está obligado a realizar un inventario del patrimonio de la persona en cuyo favor se ha establecido el apoyo dentro del plazo de sesenta días, a contar desde aquel en que hubiese tomado posesión de su cargo:**

a) En todo caso.
b) Cuando asuma el cargo a beneficio de inventario.
c) Cuando tenga facultades representativas.
d) Nunca.

**21. ¿Para cuál de los siguientes actos no precisa el curador con facultades representativas autorización judicial pero si su aprobación posterior?**

a) Para hacer gastos extraordinarios en los bienes de la persona a la que presta apoyo.
b) Para la realización de la división de cosa común.
c) Para repudiar una herencia.
d) Para celebrar contratos de seguro de vida que requieran aportaciones de cuantía extraordinaria.

**22. La curatela se extingue de pleno derecho por:**

a) Resolución judicial.
b) Acta notarial.
c) Fallecimiento de la persona con medidas de apoyo.
d) Todas las causas anteriores.

**23. El curador, al cesar en sus funciones, deberá rendir, ante la autoridad judicial, cuenta general justificada de su administración en el plazo de:**

a) Cinco años.
b) Un año.
c) Tres meses.
d) Tres años.

**24. La acción para reclamar los daños y perjuicios causados por culpa o negligencia del curador prescribe a los:**

a) Seis meses.
b) Tres años.
c) Cinco años.
d) Doce meses.

**25. Cuando exista conflicto de intereses entre la persona con discapacidad y la que haya de prestarle apoyo, deberá nombrarse:**

a) Guardador de hecho.
b) Tutor.
c) Defensor judicial.
d) Curador.

# Solución al test n.º 4

**1.** b) Las que prevea el propio discapacitado.

**2.** b) La tutela.

**3.** b) Cuando la necesidad de apoyo se precise de forma ocasional, aunque sea recurrente.

**4.** b) Ejercer funciones representativas de las persona necesitada de apoyo.

**5.** a) La entidad pública que en el respectivo territorio tenga encomendada esta función.

**6.** d) En los dos años anteriores a la mayoría de edad.

**7.** d) Escritura pública notarial.

**8.** b) Pueden subsistir y coexistir ambos.

**9.** a) Que puede continuar siempre que dichas medidas no se estén aplicando eficazmente.

**10.** b) Cuando solicite una prestación económica a favor de esta que no suponga un cambio significativo en la forma de vida de la persona.

**11.** a) Cuando se dicten medidas de apoyo de carácter judicial.

**12.** d) Tres años.

**13.** d) Sólo se da en casos excepcionales.

**14.** d) Es cuando una persona que prevea necesita medidas de apoyo constituye a otra persona como curador o excluye a otras para el ejercicio de esta función.

**15.** c) Podrá ser elegidos curadores personas jurídicas.

**16.** d) Quienes tuvieran algún conflicto de intereses con la persona que precise apoyo.

**17.** b) El cónyuge.

**18.** c) Quince días.

**19.** d) Remoción.

**20.** c) Cuando tenga facultades representativas.

**21.** b) Para la realización de la división de cosa común.

**22.** c) Fallecimiento de la persona con medidas de apoyo.

**23.** c) Tres meses.

**24.** b) Tres años.

**25.** c) Defensor judicial.

# TEST N.º 5

## Decreto Foral 221/2011, de 28 de septiembre, por el que se regula el uso de sujeciones físicas y farmacológicas en el ámbito de los Servicios Sociales de la Comunidad Foral de Navarra

**1. El objeto de la Ley Foral 221/2011, de 28 de septiembre, lo constituye:**

a) La regulación de los derechos de las personas usuarias de los servicios sociales residenciales y de atención diurna de la Comunidad Foral de Navarra.

b) La prohibición del uso de sujeciones físicas o tratamientos farmacológicos y otras medidas relacionadas con ellas.

c) Regular el uso de sujeciones físicas o tratamientos farmacológicos y otras medidas relacionadas con ellas, dentro del respeto a los derechos de las persona usuarias.

d) Actuar contra la violencia física y farmacológica en los tratamientos de las personas usuarias de los servicios sociales residenciales y de atención diurna de la Comunidad Foral de Navarra.

**2. ¿A quiénes resulta aplicable Ley Foral 221/2011, de 28 de septiembre?**

a) A los servicios de atención residencial y de atención diurna de las áreas de personas mayores.

b) A los servicios de atención residencial y de atención diurna de las áreas de personas mayores, discapacidad y enfermedad mental.

c) A las personas usuarias de los servicios sociales residenciales y de atención diurna de la Comunidad Foral de Navarra.

d) A todos los anteriores.

**3. ¿Cuál de los siguientes métodos no se considera una sujeción física?**

a) Sujeción en los lugares que la persona utiliza como cama, sillón o silla.

b) Los dispositivos destinados a la corrección y mantenimiento de una postura adecuada.

c) Las salas de contención.

d) La reducción de la persona usuaria por peligro inminente.

**4. La finalidad del diseño de una "sala de contención" es:**

a) El manejo a corto plazo de la conducta disruptiva/violenta que suponga un peligro inminente para la seguridad física de la persona y/o para terceros.

b) Convertir un lugar en un entorno seguro.

c) Garantizar el descanso de las personas de apoyo de los usuarios de los servicios sociales.

d) Almacenar los dispositivos, productos de apoyo y/o adaptaciones destinadas a la corrección de las conductas disruptivas/violentas de las personas usuarias de los servicios sociales de la Comunidad Foral de Navarra.

**5. La intencionada limitación de la espontánea expresión o comportamiento de una persona, o de la libertad de sus movimientos, o su actividad física, mediante la utilización de cualquier fármaco, se denomina:**

a) Violencia vicaria.

b) Sala de contención.

c) Sujeción farmacológica.

d) Violencia institucional en Salud.

**6. ¿Cuál de los siguientes no es un principio básico sobre el que se deba sustentar y orientar el uso de sujeciones y barandillas?**

a) El rechazo de cualquier daño, necesario o no, en la aplicación de medidas de sujeción.

b) La dignidad de la persona.

c) La garantía de una información adecuada sobre los tratamientos o medidas necesarias.

d) la promoción de la autonomía.

**7. ¿Cuál de los siguientes derechos está garantizado para las personas usuarias de los servicios objeto del decreto foral en relación con la aplicación de sujeciones y barandillas?**

a) A que las sujeciones sean impuestas únicamente como medida disciplinaria en casos de conducta disruptiva por disciplina o conveniencia.

b) A rechazar y revocar la aplicación de sujeciones, psicofármacos y barandillas, sin temor al abandono del cuidado debido.

c) A que las sujeciones sean aplicadas sin necesidad de consentimiento previo pero con autorización médica.

d) A que las sujeciones sean previamente convenidas por el personal sanitario del centro residencial en cuestión.

**8. La competencia del personal médico para prescribir sujeciones, tanto físicas como farmacológicas:**

a) Es exclusiva, pero debe darse dentro de un plan interdisciplinar de atención individualizada.

b) Es compartida con la persona representante del usuario.

c) Es exclusiva únicamente en los tratamientos farmacológicos.

d) Es compartida con el equipo asistencial del centro de que se trae.

**9. ¿Qué se hace necesario para la aplicación de una sujeción?**

a) El consentimiento informado de la persona interesada o su representante.

b) La información previa, que podrá ser de forma verbal o grupal, a la persona interesada.

c) La autorización judicial previa.

d) El informe previo favorable del equipo interdisciplinar del centro.

**10. ¿Para cada tipo de sujeción y pauta de aplicación es necesario un consentimiento informado?**

a) No es necesario, salvo que no lo prescriba el médico.

b) Si, tantos como tipos de sujeción y pautas se vayan a aplicar.

c) Basta con uno solo.

d) Basta con una información básica.

**11. La pauta de control de la persona y de la sujeción, las características de la persona, el objetivo perseguido y el plazo estimado para lograrlo, así como los efectos negativos previsibles y evitables deben constar en:**

a) El consentimiento informado.

b) La estrategia de cuidado.

c) El Plan de Atención Individualizado.

d) El Plan de Inspección.

**12. La Sujeción/psicofármaco prescrito (tipo y dosis respectivamente), la motivación/indicación y objetivos, el grado de sujeción necesario, su duración, frecuencia y pauta de control constarán en el Plan de Atención Individualizado en:**

a) Documento sumarial de las medidas alternativas ensayadas y los efectos evidenciados.

b) Hoja-ficha de prescripción individual y de seguimiento.

c) Consentimiento escrito.

d) Ninguno de los anteriores.

**13. ¿Cuándo se considera necesaria la comunicación al Ministerio Fiscal de aplicación de las sujeciones?**

a) En ningún caso.

b) En todo caso.

c) Cuando haya sido prescrita por un facultativo y conste consentimiento informado.

d) Únicamente cuando sean farmacológicas y no hayan sido prescritas por facultativo aunque conste consentimiento informado.

**14. ¿Qué sujeciones se pueden aplicar ,mediante procedimientos de urgencia?**

a) Todas.
b) Ninguna.
c) Las farmacológicas.
d) Las físicas.

**15. Las sujeciones por el procedimiento de urgencia:**

a) Deben ser aplicadas por personal médico en todo caso.
b) No exime de la necesidad de que conste en consentimiento informado.
c) Deben ser objeto de comunicación inmediata al Ministerio Fiscal.
d) Todas las anteriores con ciertas.

**16. En el caso de que la aplicación de las medidas genere conflicto ético podrá acudirse al:**

a) Comité de Ética del centro.
b) Comité de Ética en la atención social de Navarra.
c) A cualquiera de los dos a elección.
d) Al comité de Ética y Salud de Navarra.

**17. ¿Cada cuánto tiempo se deben cambiar las zonas de apoyo de las sujeciones sobre la persona a la que se le aplica?**

a) El tiempo que se considere imprescindible.
b) Al menos cada dos horas.
c) El previsto en el Plan de Atención Individualizado.
d) Un máximo de una hora.

**18. ¿Cuánto tiempo como máximo podrá permanecer una persona en la sala de contención?**

a) Una hora.
b) Dos horas.
c) Cuatro horas.
d) El estrictamente necesario.

**19. Toda prescripción de psicofármacos deberá estar justificada, incorporándose en el Plan de Atención Individualizada:**

a) Su motivación y objeto.
b) El nombre del facultativo que la prescribe.
c) Cualquier contraindicación que se pueda producir.
d) Ninguna de las anteriores.

**20. ¿Cuál de las siguientes condiciones debe cumplir una barandilla de cama cuando se aplique como sujeción?**

a) Debe permitir cierto grado de flexibilidad para adaptarse al movimiento de la persona usuaria.

b) Debe de estar dotada de un dispositivo antivuelco.

c) Debe estar homologado y aplicarse según las instrucciones del fabricante o entidad homologadora.

d) Únicamente debe impedir la caída del paciente, que es su finalidad.

**21. ¿Cuál de las siguientes medidas debe adoptar el personal asistencial para evitar riesgos de atrapamiento al usar barandillas en la cama?**

a) Sacudir las barandillas antes de acostar al paciente para asegurarse de que resisten.

b) Comprobar que no hay espacio entre las barras de la barandilla, una vez colocada para su fin, en el que pueda quedar atrapada la cabeza de la persona.

c) Permitir un pequeño espacio entre cabecero y barandilla para facilitar el movimiento.

d) Elegir cualquier tipo de colchón, ya que no influye en la seguridad de la barandilla.

**22. ¿Qué plazo máximo dispone la Administración de la Comunidad Foral de Navarra para resolver las solicitudes de concesión de ayudas económicas a mujeres víctimas de violencia?**

a) 10 Días.

b) 15 días.

c) 20 días.

d) 1 mes.

**23. ¿Debe disponerse en el centro de un protocolo de seguridad en el uso de barandillas en las camas?**

a) Si, que garantice la idoneidad de las barandillas de las que se disponga.

b) Si, que garantice el uso selectivo y seguro de las barandillas.

c) Si, que facilite la adquisición de barandillas distintas para sostener el uso de alternativas.

d) No.

**24. Se garantiza que los centros deban contar con barandillas:**

a) De distintos proveedores.

b) De variadas sujeciones a las camas.

c) Segmentadas.

d) De colores diversos.

**25. Las inspecciones anuales que se vayan a llevar a cabo en materia de sujeciones y barandillas se especificarán en:**

a) Las evaluaciones anuales.
b) Planes de inspección.
c) Planes de Atención Social.
d) Los comités de ética.

# Solución al test n.º 5

**1.** c) Regular el uso de sujeciones físicas o tratamientos farmacológicos y otras me-didas relacionadas con ellas, dentro del respeto a los derechos de las persona usuarias.

**2.** c) A las personas usuarias de los servicios sociales residenciales y de atención diur-na de la Comunidad Foral de Navarra.

**3.** b) Los dispositivos destinados a la corrección y mantenimiento de una postura ade4. cuada.

**4.** a) El manejo a corto plazo de la conducta disruptiva/violenta que suponga un peligro inminente para la seguridad física de la persona y/o para terceros.

**5.** c) Sujeción farmacológica.

**6.** a) El rechazo de cualquier daño, necesario o no, en la aplicación de medidas de sujeción.

**7.** b) A rechazar y revocar la aplicación de sujeciones, psicofármacos y barandillas, sin temor al abandono del cuidado debido.

**8.** a) Es exclusiva, pero debe darse dentro de un plan interdisciplinar de atención individualizada.

**9.** a) El consentimiento informado de la persona interesada o su representante.

**10.** b) Si, tantos como tipos de sujeción y pautas se vayan a aplicar.

**11.** c) El Plan de Atención Individualizado.

**12.** b) Hoja-ficha de prescripción individual y de seguimiento.

**13.** c) Cuando haya sido prescrita por un facultativo y conste consentimiento informado.

**14.** d) Las físicas.

**15.** c) Deben ser objeto de comunicación inmediata al Ministerio Fiscal.

**16.** c) A cualquiera de los dos a elección.

**17.** b) Al menos cada dos horas.

**18.** d) El estrictamente necesario.

**19.** a) Su motivación y objeto.

**20.** c) Debe estar homologado y aplicarse según las instrucciones del fabricante o entidad homologadora.

**21.** b) Comprobar que no hay espacio entre las barras de la barandilla, una vez colocada para su fin, en el que pueda quedar atrapada la cabeza de la persona.

**22.** d) 1 mes.

**23.** b) Si, que garantice el uso selectivo y seguro de las barandillas.

**24.** c) Segmentadas.

**25.** b) Planes de inspección.

**Los centros de atención integral a personas con discapacidad. Tipos de servicios de la Comunidad Foral de Navarra y requisitos de acceso**

**1. Según Shaw es "el principio organizador de la provisión de servicios con el objeto de mejorar la atención a la persona mediante la integración o coordinación de los servicios prestados". Hablamos de:**

a) Inclusión social.
b) Atención integral.
c) Atención temprana.
d) Sistema de Atención a la Dependencia.

**2. En 2017 la OMS realizó un diagnóstico de las necesidades de salud que presentan las personas con discapacidad. Una de estas necesidades es:**

a) Las personas con discapacidad tienen una mayor demanda de asistencia sanitaria que las personas sin discapacidad, y también tienen más necesidades insatisfechas en esta esfera.
b) Las personas con discapacidad tropiezan con una gran variedad de obstáculos cuando buscan asistencia sanitaria, entre ellos los siguientes: costos prohibitivos, oferta limitada de servicios, obstáculos físicos, aptitudes y conocimientos inadecuados del personal sanitario.
c) Las personas con discapacidad tienen necesidades de salud y de inclusión social que deben ser atendidas conjuntamente desde una red de servicios de salud adecuados y accesibles y desde una red de equipamientos sociales.
d) Todas son correctas.

**3. El Centro de Atención Integral a la Discapacidad San José:**

a) Está situado en Sarriguren.
b) Está destinado a prestar atención integral a personas adultas con discapacidad intelectual gravemente afectada, que necesitan tratamientos especializados y una rehabilitación continuada para evitar, hasta donde sea posible, su deterioro.
c) Tiene una capacidad de 150 plazas.
d) Todas son correctas.

**4. El Centro de Atención Integral a la Discapacidad Valle del Roncal:**

a) Está situado en Pamplona.

b) Está destinado a atender a niños y jóvenes hasta 20 años, afectados por discapacidad psíquica moderada, severa y profunda.

c) Tiene una capacidad de 20 plazas residenciales y 5 de emergencia.

d) Todas son correctas.

**5. ¿Cómo se denominan las prestaciones exigibles como derecho subjetivo?**

a) Prestaciones subjetivas.

b) Prestaciones garantizadas.

c) Prestaciones de derecho.

d) Prestaciones primarias.

**6. ¿Qué profesionales componen los E.V.O (Equipos de Valoración y Orientación)?**

a) Médico, Enfermero y Trabajador Social.

b) Médico, Enfermero y Psicólogo.

c) Psicólogo, Rehabilitador y Trabajador Social.

d) Médico, Psicólogo y Trabajador Social.

**7. Entre las características del Servicio de valoración de la discapacidad no se encuentra:**

a) Tipo de prestación: Garantizada.

b) Tipo de recurso: Servicio de atención ambulatoria.

c) Personas beneficiarias: cualquier persona sin límite de edad.

d) Copago: Sí.

**8. Para acceder al servicio de valoración de la idoneidad ocupacional y/o laboral uno de los requisitos es:**

a) Tener un grado de discapacidad igual o superior al 33%.

b) Tener un grado de discapacidad igual o superior al 40%.

c) Tener un grado de discapacidad igual o superior al 45%.

d) Tener un grado de discapacidad igual o superior al 75%.

**9. El procedimiento y el baremo de valoración de la situación familiar para el acceso a plazas residenciales destinadas a la atención de personas con discapacidad se regula mediante:**

a) Orden Foral 5/2008, de 6 de junio.

b) Orden Foral 3/2010, de 14 de enero.

c) Orden Foral 8/2018, de 7 de mayo.
d) Orden Foral 5/2023, de 11 de noviembre.

**10. ¿Cuál de los siguientes aspectos no se valora en la Escala de Valoración Social de la Dependencia?**

a) Situación Socio-Familiar.
b) Vivienda.
c) Atención Sociosanitaria.
d) Grado de dependencia.

**11. Entre los requisitos para acceder al servicio de orientación de productos de apoyo y asesoramiento en adaptación funcional de vivienda y eliminación de barreras no se encuentra:**

a) Tener reconocido con un grado de discapacidad de al menos el 33% o estados previos, entendidos como procesos en evolución que puedan llegar a ocasionar una limitación en la actividad.
b) Ser mayor de 18 años.
c) Residir en la Comunidad Foral de Navarra.
d) Todos son requisitos para acceder al servicio.

**12. Las intervenciones en materia de atención temprana se dirigen a la población infantil:**

a) Entre 0 y 3 años.
b) Entre 3 y 6 años.
c) Entre 0 y 6 años.
d) Entre 3 y 10 años.

**13. El servicio de intervención familiar para personas con discapacidad:**

a) Es una prestación no garantizada.
b) Es un servicio de atención ambulatoria.
c) Es un servicio de copago.
d) Todas son correctas.

**14. La intensidad del servicio de teleasistencia para personas con discapacidad incluye:**

a) Respuesta inmediata, personalizada y, en su caso, movilización cada vez que se active el dispositivo.
b) Llamada de cortesía cada 15 días.
c) Atención telefónica.
d) Todas son correctas.

**15. Uno de los requisitos para acceder al servicio de oficina de vida independiente es:**

a) Tener reconocido un grado de discapacidad igual o superior al 33%.
b) Tener reconocido un grado de discapacidad igual o superior al 45%.
c) Tener reconocido un grado de discapacidad igual o superior al 65%.
d) Tener reconocido un grado de discapacidad igual o superior al 90%.

**16. Uno de los requisitos para acceder al servicio de piso tutelado/funcional como prestación garantizada es:**

a) Requerir apoyos profesionales para el desarrollo de una vida autónoma.
b) Tener reconocido un grado de discapacidad igual o superior al 65% en el caso de personas con discapacidad intelectual.
c) Tener reconocido un grado de discapacidad igual o superior al 45% en el caso de personas con discapacidad física.
d) Acreditar residencia efectiva y continuada en Navarra durante los dos años anteriores a la solicitud.

**17. Uno de los requisitos para acceder al servicio de ingresos temporales en residencia para personas con discapacidad es:**

a) Acreditar residencia efectiva y continuada en Navarra durante el año anterior a la solicitud.
b) Tener reconocida una acreditación de persona con grave conflicto familiar y/o ausencia de soporte familiar adecuado, según baremo destinado a tal efecto.
c) Tener discapacidad intelectual en cualquiera de sus grados.
d) Todas son correctas.

**18. El servicio de atención residencial para personas con discapacidad se caracteriza por:**

a) Siempre es una prestación garantizada.
b) Plazo para la concesión: tres meses.
c) Copago: No.
d) Todas son correctas.

**19. La prestación económica de libre disposición:**

a) Es una prestación económica que se realiza en un solo pago.
b) Es incompatible con el resto de las prestaciones económicas previstas en la legislación vigente.
c) Es una prestación económica destinada a cubrir gastos de libre disposición, que comprenden conceptos como productos de higiene personal, ropa, transporte, ocio, etc., a aquellas personas que estén viviendo en un servicio de atención residencial, en cualquiera de sus modalidades y no dispongan de recursos propios ni familiares.
d) Todas son correctas.

**20. Una de las características de los servicios de atención diurna para personas con discapacidad es:**

a) Tipo de prestación: Garantizada.

b) Personas beneficiarias: personas con discapacidad física y/o intelectual y/o pluripatología.

c) Apertura del servicio: todos los días laborables del año de lunes a viernes, con un servicio mínimo de 8 horas.

d) Copago: No.

**21. Entre los requisitos para acceder al servicio de estancia nocturna para personas con discapacidad no se encuentra:**

a) Tener reconocida una acreditación de persona con grave conflicto familiar y/o ausencia de soporte familiar adecuado, según baremo destinado a tal efecto.

b) Tener reconocido un grado de discapacidad igual o superior al 33%.

c) Acreditar residencia efectiva y continuada en Navarra durante los dos años anteriores a la solicitud.

d) Idoneidad de acuerdo con el informe emitido por la unidad administrativa competente.

**22. Uno de los requisitos para acceder al servicio de vivienda con apoyo es:**

a) Acreditar residencia efectiva y continuada en Navarra durante los tres años anteriores a la solicitud.

b) Tener reconocido un grado de discapacidad igual o superior al 65%.

c) Llevar a cabo, o iniciar en el momento de acceso, una actividad en un centro de estudios, centro o unidad ocupacional, centro especial de empleo, contrato de trabajo en empleo ordinario o cualquier otra actividad considerada adecuada por el organismo competente por razón de materia.

d) Ocupar una plaza de atención residencial de carácter permanente, reconocida como tal por el Departamento competente en materia de servicios sociales del Gobierno de Navarra.

**23. Uno de los requisitos de acceso al servicio de piso tutelado/funcional como prestación no garantizada es:**

a) Tener reconocida un grado de discapacidad igual o superior al 45%.

b) No requerir supervisión y tutela para la realización de las actividades básicas de la vida diaria.

c) Acreditar residencia efectiva y continuada en Navarra durante los dos años anteriores a la solicitud.

d) Idoneidad de acuerdo con el informe técnico emitido por la unidad administrativa competente.

**24. El servicio de ingresos temporales en centro de día y estancia diurnas para personas con discapacidad por etapa vacacional de la persona beneficiaria tiene una duración de:**

a) Entre quince y treinta días.
b) Hasta dos meses.
c) Hasta tres meses.
d) Hasta cuatro meses.

**25. La frecuencia mínima del servicio de transporte adaptado y asistido es de:**

a) Un transporte mensual.
b) Un transporte quincenal.
c) Un transporte diario.
d) Dos transportes diarios.

**26. El Centro Ocupacional Aspace Navarra:**

a) Se concibe como un servicio alternativo y previo a la actividad laboral productiva.
b) Tiene como finalidad potenciar el crecimiento personal, la integración socio cultural y, en su caso, el paso al Centro Especial de Empleo de las personas con discapacidad.
c) Cuenta con dos sedes: Uxane Bera y Aspace Press Pamplona.
d) Todas son correctas.

**27. Para acceder al servicio de promoción de la autonomía personal y prevención de la dependencia para personas con discapacidad es necesario tener reconocido un grado de discapacidad igual o superior al:**

a) 33%.
b) 45%.
c) 65%.
d) 80%.

**28. Uno de los siguientes requisitos para acceder a la prestación económica para asistente personal para personas con discapacidad es incorrecto. ¿Cuál?**

a) Tener reconocido un grado de discapacidad igual o superior al 33%.
b) Acreditar residencia efectiva y continuada en Navarra durante los dos años anteriores a la solicitud.
c) Aportar un proyecto de vida independiente que permita a la persona en situación de dependencia llevar una vida independiente y una participación activa en la comunidad de forma habitual y regular, desarrollando actividades que redunden en su desarrollo personal, educativo, laboral, social y comunitario.
d) Idoneidad de acuerdo con el informe técnico emitido por la unidad administrativa competente.

**29. Una de las características de la prestación económica a personas con discapacidad es:**

a) Tipo de prestación: Garantizada.

b) Tipo de recurso: Prestación económica periódica.

c) Personas beneficiarias: Personas que tengan reconocido un grado de discapacidad superior al 65%.

d) Intensidad del servicio: Su importe máximo será el establecido para la Pensión Contributiva de Invalidez en doce pagas.

**30. La cuantía máxima de la prestación económica para servicios de apoyos personales y alojamientos especiales en el área de personas con discapacidad es de:**

a) 500 euros/mes.

b) 800 euros/mes.

c) 1000 euros/mes.

d) 1200 euros/mes.

# Solución al test n.º 6

**1.** b) Atención integral.

**2.** d) Todas son correctas.

**3.** b) Está destinado a prestar atención integral a personas adultas con discapacidad intelectual gravemente afectada, que necesitan tratamientos especializados y una rehabilitación continuada para evitar, hasta donde sea posible, su deterioro.

**4.** a) Está situado en Pamplona.

**5.** b) Prestaciones garantizadas.

**6.** d) Médico, Psicólogo y Trabajador Social.

**7.** d) Copago: Sí.

**8.** a) Tener un grado de discapacidad igual o superior al 33%.

**9.** b) Orden Foral 3/2010, de 14 de enero.

**10.** d) Grado de dependencia.

**11.** b) Ser mayor de 18 años.

**12.** c) Entre 0 y 6 años.

**13.** b) Es un servicio de atención ambulatoria.

**14.** d) Todas son correctas.

**15.** c) Tener reconocido un grado de discapacidad igual o superior al 65%.

**16.** a) Requerir apoyos profesionales para el desarrollo de una vida autónoma.

**17.** b) Tener reconocida una acreditación de persona con grave conflicto familiar y/o ausencia de soporte familiar adecuado, según baremo destinado a tal efecto.

**18.** b) Plazo para la concesión: tres meses.

**19.** c) Es una prestación económica destinada a cubrir gastos de libre disposición, que comprenden conceptos como productos de higiene personal, ropa, transporte, ocio, etc., a aquellas personas que estén viviendo en un servicio de atención residencial, en cualquiera de sus modalidades y no dispongan de recursos propios ni familiares.

**20.** b) Personas beneficiarias: personas con discapacidad física y/o intelectual y/o pluripatología.

**21.** a) Tener reconocida una acreditación de persona con grave conflicto familiar y/o ausencia de soporte familiar adecuado, según baremo destinado a tal efecto.

**22.** c) Llevar a cabo, o iniciar en el momento de acceso, una actividad en un centro de estudios, centro o unidad ocupacional, centro especial de empleo, contrato de trabajo en empleo ordinario o cualquier otra actividad considerada adecuada por el organismo competente por razón de materia.

**23.** d) Idoneidad de acuerdo con el informe técnico emitido por la unidad administrativa competente.

**24.** c) Hasta tres meses.

**25.** b) Un transporte quincenal.

**26.** d) Todas son correctas.

**27.** a) 33%.

**28.** a) Tener reconocido un grado de discapacidad igual o superior al 33%.

**29.** b) Tipo de recurso: Prestación económica periódica.

**30.** c) 1000 euros/mes.

# TEST N.º 7

**Personas con discapacidad; concepto y etiología. Discapacidad física, discapacidad intelectual y discapacidad sensorial. Convención sobre los derechos de las personas con discapacidad: preámbulo y artículos 1 a 30**

**1. La discapacidad motora más frecuente en la infancia es:**

a) La parálisis cerebral.
b) La espina bífida.
c) Las distrofias musculares.
d) La discapacidad motora no es frecuente en la infancia.

**2. El origen de la parálisis cerebral es una lesión encefálica que se caracteriza por ser:**

a) De origen tardío.
b) Crónica.
c) Progresiva.
d) Todas son correctas.

**3. Cuando la parálisis cerebral afecta a los miembros inferiores hablamos de:**

a) Monoplejia.
b) Hemiplejia.
c) Paraplejia.
d) Tetraplejia.

**4. Cuando la parálisis cerebral afecta a todos los miembros, tanto inferiores como superiores hablamos de:**

a) Monoplejia.
b) Hemiplejia.
c) Paraplejia.
d) Tetraplejia.

**5. El tipo más frecuente de parálisis cerebral según la afectación del tono muscular es:**

a) Atetósica o atetoide.
b) Espástica.
c) Atáxica.
d) Mixta.

**6. ¿En qué tipo de parálisis cerebral es frecuente alteración en el equilibrio corporal, marcha insegura y dificultades en la coordinación y el control de ojos y manos?**

a) Atetósica o atetoide.
b) Espástica.
c) Atáxica.
d) Mixta.

**7. Uno de los trastornos asociados a la parálisis cerebral es:**

a) Convulsiones o epilepsia.
b) Dificultades del habla y del lenguaje.
c) Trastornos sensoriales.
d) Todas son correctas.

**8. Con respecto a la discapacidad intelectual en el caso de las personas con parálisis cerebral podemos afirmar que:**

a) Todas las personas con parálisis cerebral presentan discapacidad intelectual en mayor o menor grado.
b) La mayoría de las personas con parálisis cerebral presentan discapacidad intelectual moderada o grave.
c) Tan solo un tercio de las personas con parálisis cerebral presentan discapacidad intelectual moderada o grave. Otro tercio, una discapacidad intelectual leve y, el tercio restante, no presenta discapacidad intelectual.
d) Las personas con parálisis cerebral no presentan en ningún caso discapacidad intelectual.

**9. La espina bífida:**

a) Es una grave malformación congénita del tubo neural.
b) Se produce por una falta de cierre o fusión de los arcos vertebrales, con el consiguiente riesgo de producir daños en la médula espinal.
c) Exteriormente se manifiesta mediante un abultamiento, cubierto o no de piel, que puede contener tan solo membranas o porciones de médula espinal.
d) Todas son correctas.

**10. Es el tipo de espina bífida más frecuente:**

a) Meningocele.
b) Lipomeningocele.
c) Mielomeningocele o meningomielocele.
d) Siringomielocele.

**11. La causa de la distrofia muscular es:**

a) Defectos genéticos que ocasionan que alguna proteína del músculo esté defectuosa o no se produzca en la cantidad necesaria.
b) El déficit de ácido fólico de la madre antes de la concepción.
c) Traumatismos por accidentes graves, las infecciones como meningitis o encefalitis, trastornos vasculares, anoxia, intoxicaciones.
d) Todas son correctas.

**12. La forma más frecuente y grave de distrofia muscular es:**

a) De Duchenne.
b) De Becker.
c) Miotónica.
d) Facio-escapulo-humeral.

**13. ¿Cuál de los siguientes tipos de distrofia muscular afecta principalmente al género masculino?**

a) De Emery-Dreifuss.
b) Oculofaríngea.
c) Congénita.
d) Todas son correctas.

**14. El cambio del paradigma del déficit al paradigma basado en los apoyos a la hora de definir la discapacidad intelectual:**

a) Supone considerar la discapacidad intelectual como un rasgo absoluto y estático que manifiesta la persona.
b) Supone poner el énfasis en la interacción entre la persona con un funcionamiento mental limitado y el entorno donde se desenvuelve.
c) Se produjo en 1921, en la primera edición del manual sobre la definición del retraso mental de la AARM.
d) Todas son correctas.

**15. La nueva y actual definición oficial de discapacidad intelectual dada por la Asociación Americana de Discapacidades Intelectuales y del Desarrollo, AAIDD (antes AAMR) se publica en:**

a) La décima edición en 2002.
b) La novena edición en 2008.

c) La undécima edición en 2010.

d) La Duodécima edición en 2021.

**16. En esta definición se destaca que:**

a) La discapacidad intelectual se origina con posterioridad a los 18 años.

b) Una evaluación válida ha de tener en cuenta principalmente y en primer término el CI.

c) Si se mantienen apoyos personalizados apropiados durante un largo periodo, el funcionamiento en la vida de la persona con discapacidad intelectual, generalmente mejorará.

d) Todas son correctas.

**17. Las habilidades adaptativas pueden ser:**

a) Conceptuales, sociales y prácticas.

b) Físicas, cognitivas y sociales.

c) Personales, sociales y comunitarias.

d) Familiares, escolares y laborales.

**18. Una de las diez habilidades adaptativas básicas se refiere a la capacidad para saber elegir según las propias necesidades e intereses. Se trata de:**

a) Comunicación.

b) Habilidades sociales.

c) Autogobierno.

d) Ocio.

**19. Sobre la salud mental de las personas con discapacidad intelectual podemos decir que:**

a) Los estudios más recientes demuestran que los problemas psicopatológicos y emocionales son más frecuentes en las personas con discapacidad intelectual que en la población en general.

b) A medida que aumenta el deterioro intelectual, disminuyen los problemas psicopatológicos.

c) Los problemas psicopatológicos en las personas con discapacidad intelectual suelen estar presentes desde el nacimiento.

d) Todas son correctas.

**20. Las personas con discapacidad intelectual:**

a) Son personas asexuadas, sin interés ninguno por el sexo.

b) Tienen una sexualidad muy semejante a la de cualquier persona que podamos considerar normal.

c) Tienen una sexualidad descontrolada.

d) Aunque tienen deseo sexual, no son capaces de mantener relaciones sexuales.

**21. Sobre la etiología de la discapacidad intelectual podemos decir que:**

a) Solo en el 10 % de los casos de discapacidad intelectual se desconoce la etiología.

b) El diagnóstico etiológico nos va a servir para predecir el nivel de adaptación y el funcionamiento intelectual que va a tener una persona.

c) El conocimiento de la etiología va a ser de gran utilidad para la realización de estudios epidemiológicos y para la prevención de etiologías específicas.

d) Todas son correctas.

**22. Cuando la ayuda es necesaria habitualmente sin limitación temporal, al menos en algunos entornos, hablamos de apoyo:**

a) Intermitente.

b) Limitado.

c) Extenso.

d) Generalizado.

**23. Un CI de 40 se corresponde con una discapacidad intelectual:**

a) Leve.

b) Moderada.

c) Grave.

d) Profunda.

**24. Según la clasificación del DSM-5 una persona con discapacidad intelectual grave se caracteriza por:**

a) Existe una buena capacidad para llevar a cabo el cuidado personal, pero necesitan cierta ayuda para tareas de la vida cotidiana complejas.

b) El individuo puede responsabilizarse de sus necesidades personales, como comer, vestirse, y de las funciones excretoras y la higiene como un adulto, aunque se necesita un período largo de aprendizaje para lograr la autonomía.

c) El individuo necesita ayuda y supervisión constante para todas las actividades de la vida cotidiana: comer, vestirse, bañarse y las funciones excretoras.

d) El individuo presenta una total dependencia para todos los aspectos del cuidado físico diario, la salud y la seguridad, aunque también puede participar en algunas de estas actividades.

**25. Sobre las causas de la discapacidad intelectual es cierta la siguiente afirmación:**

a) Nunca, en ningún caso, podemos saber cuál es la causa de la discapacidad intelectual, sólo podemos hacer una aproximación.

b) El síndrome de Turner es una anomalía cromosómica que siempre causa retraso mental.

c) En muchos casos la etiología de la discapacidad intelectual es multifactorial, influyen varios factores simultáneamente.

d) Ninguna de las anteriores es correcta.

**26. Respecto al síndrome de Down podemos decir que:**

a) También se denomina trisomía 18.

b) De entre todos los síndromes que producen discapacidad intelectual es el menos frecuente.

c) Los niños con este síndrome responden bien a la integración escolar.

d) a y c son ciertas.

**27. El síndrome de Klinefelter es:**

a) Una anomalía genética ligada a los genes dominantes.

b) Una anomalía genética ligada a los genes recesivos.

c) Un síndrome provocado por la diabetes materna.

d) Una anomalía cromosómica ligada a los cromosomas sexuales.

**28. Al hablar de factores perinatales como agentes que causan discapacidad intelectual, nos referimos a:**

a) Factores que inciden en el momento del parto, como la anoxia.

b) Factores que inciden durante el embarazo, como la exposición a radiaciones.

c) Factores relacionados con la natalidad, es decir, el lugar que ocupa el hijo nacido entre los hermanos.

d) Factores que inciden después del nacimiento, como puede ser la carencia afectiva.

**29. La habilidad para discriminar o diferenciar detalles entre dos estímulos visuales distintos a una determinada distancia, y para percibir la figura y forma de los objetos se denomina:**

a) Agudeza visual.

b) Campo visual.

c) Sentido cromático.

d) Sentido luminoso.

**30. En España es considerada legalmente ciega aquella persona cuya agudeza visual es:**

a) Menor o igual al 15 % (0,15 en la escala de Wecker), obtenida con la mejor corrección óptica y/o un campo visual menor o igual a 20 grados en el mejor de sus ojos.

b) Menor o igual al 10 % (0,1 en la escala de Wecker), obtenida con la mejor corrección óptica y/o un campo visual menor o igual a 10 grados en el mejor de sus ojos.

c) Menor o igual al 10 % (0,1 en la escala de Wecker), obtenida con la mejor corrección óptica y/o un campo visual mayor o igual a 15 grados en el mejor de sus ojos.

d) Menor o igual al 15 % (0,1 en la escala de Wecker), obtenida con la mejor corrección óptica y/o un campo visual menor o igual a 15 grados en el mejor de sus ojos.

**31. Se considera que un paciente tiene baja visión cuando tras la mejor corrección óptica, su agudeza visual es:**

a) Menor de 0,2 en el mejor de los ojos, o un campo visual inferior a 20 grados.
b) Menor de 0,3 en el mejor de los ojos, o un campo visual inferior a 20 grados.
c) Menor de 0,2 en el mejor de los ojos, o un campo visual inferior a 25 grados.
d) Menor de 0,3 en el mejor de los ojos, o un campo visual inferior a 25 grados.

**32. Las deficiencias visuales:**

a) Siempre son hereditarias, de tipo genético.
b) Siempre son adquiridas con carácter perinatal.
c) Siempre son adquiridas con carácter postnatal.
d) Pueden ser congénitas o adquiridas.

**33. Cuando la persona ve mal a larga distancia pero conserva un punto a partir del cual ve correctamente decimos que padece:**

a) Miopía.
b) Hipermetropía.
c) Astigmatismo.
d) Glaucoma.

**34. El estrabismo se considera:**

a) Una enfermedad del nervio óptico.
b) Una enfermedad de la retina.
c) Un problema de motilidad.
d) Una alteración de la córnea.

**35. La atrofia del nervio óptico se puede corregir:**

a) Con lentes cóncavas.
b) Con lentes convexas.
c) Con lentes cilíndricas.
d) Con buena iluminación y macrotipos para leer.

**36. La ceguera total a los colores se conoce con el nombre de:**

a) Daltonismo.
b) Acromatopsia.

c) Retinosis pigmentaria.
d) Degeneración macular.

**37. La principal alteración del cristalino es:**

a) La úlcera.
b) La atrofia.
c) Las cataratas.
d) La hipermetropía.

**38. La discapacidad auditiva por la que el individuo no percibe ningún sonido y supone una pérdida total de audición, se denomina:**

a) Hipoacusia.
b) Anacusia o cofosis.
c) Disacusia.
d) Dependencia auditiva.

**39. Una persona con una pérdida auditiva de 43 dB tendría:**

a) Hipoacusia leve o ligera.
b) Hipoacusia media o moderada.
c) Hipoacusia severa.
d) Hipoacusia profunda.

**40. La sordera poslocutiva es:**

a) La que ocurre en los locutores de radio.
b) La que afecta a los recién nacidos.
c) Aparece tras la adquisición del lenguaje oral.
d) La de peor pronóstico.

**41. La sordera de conducción:**

a) También se llama de percepción.
b) Se produce por enfermedades del oído interno.
c) Suele ser menos profunda y con tratamiento médico.
d) Todas son correctas.

**42. La sordera de percepción:**

a) También se llama neurosensorial.
b) Suele ser profunda.
c) Se produce por enfermedades del oído interno.
d) Todas son correctas.

**43. ¿Qué parte del sistema auditivo puede estar afectada en la sordera de conducción?**

a) Oído externo.
b) Oído interno.
c) Oído medio.
d) a y c son correctas.

**44. La perforación timpánica causa:**

a) Sordera de conducción.
b) Sordera de percepción.
c) Sordera mixta.
d) Cualquiera de las anteriores.

**45. La otosclerosis:**

a) Causa sordera de transmisión.
b) Aparece en fase poslocutiva.
c) Cursa con osificación excesiva del estribo.
d) Todas son correctas.

**46. Los antibióticos aminoglucósidos causan:**

a) Sordera de conducción.
b) Sordera de transmisión.
c) Sordera de percepción.
d) Sordera mixta.

**47. La prueba ideal para estudiar la capacidad auditiva es:**

a) La exploración del tímpano.
b) El escáner craneal.
c) La audiometría.
d) El test del ruido.

**48. La voz humana normal tiene una intensidad de:**

a) 1.000 Hz.
b) 500 dB.
c) 40-60 dB.
d) 40-60 Hz

**49. En la sordera de transmisión, la audiometría:**

a) Es normal la conducción ósea y la aérea.
b) Es anormal la conducción ósea y normal la aérea.

c) Es normal la conducción ósea y alterada la aérea.
d) Están alteradas la ósea y la aérea.

**50. En la sordera de percepción, la audiometría:**

a) Son anormales la conducción ósea y aérea.
b) Son normales ambas conducciones.
c) Es normal sólo la conducción ósea.
d) Es normal sólo la conducción aérea.

**51. Los audífonos:**

a) Sirven para amplificar la intensidad de los sonidos.
b) Se componen de micrófono, amplificador y altavoz.
c) Pueden transmitir el sonido por vía ósea y aérea.
d) Todas son correctas.

**52. El implante coclear:**

a) Es un tipo de audífono interno.
b) Se usa cuando está dañado el nervio auditivo.
c) Transforma sonidos en descargas eléctricas.
d) Todas son correctas.

# Solución al test n.º 7

**1.** a) La parálisis cerebral.

**2.** b) Crónica.

**3.** c) Paraplejia.

**4.** d) Tetraplejia.

**5.** b) Espástica.

**6.** c) Atáxica.

**7.** d) Todas son correctas.

**8.** c) Tan solo un tercio de las personas con parálisis cerebral presentan discapacidad intelectual moderada o grave. Otro tercio, una discapacidad intelectual leve y, el tercio restante, no presenta discapacidad intelectual.

**9.** d) Todas son correctas.

**10.** c) Mielomeningocele o meningomielocele.

**11.** a) Defectos genéticos que ocasionan que alguna proteína del músculo esté defectuosa o no se produzca en la cantidad necesaria.

**12.** a) De Duchenne.

**13.** a) De Emery-Dreifuss.

**14.** b) Supone poner el énfasis en la interacción entre la persona con un funcionamiento mental limitado y el entorno donde se desenvuelve.

**15.** d) La Duodécima edición en 2021.

**16.** c) Si se mantienen apoyos personalizados apropiados durante un largo periodo, el funcionamiento en la vida de la persona con discapacidad intelectual, generalmente mejorará.

**17.** a) Conceptuales, sociales y prácticas.

**18.** c) Autogobierno.

**19.** a) Los estudios más recientes demuestran que los problemas psicopatológicos y emocionales son más frecuentes en las personas con discapacidad intelectual que en la población en general.

**20.** b) Tienen una sexualidad muy semejante a la de cualquier persona que podamos considerar normal.

**21.** c) El conocimiento de la etiología va a ser de gran utilidad para la realización de estudios epidemiológicos y para la prevención de etiologías específicas.

**22.** c) Extenso.

**23.** b) Moderada.

**24.** c) El individuo necesita ayuda y supervisión constante para todas las actividades de la vida cotidiana: comer, vestirse, bañarse y las funciones excretoras.

**25.** c) En muchos casos la etiología de la discapacidad intelectual es multifactorial, influyen varios factores simultáneamente.

**26.** c) Los niños con este síndrome responden bien a la integración escolar.

**27.** d) Una anomalía cromosómica ligada a los cromosomas sexuales.

**28.** a) Factores que inciden en el momento del parto, como la anoxia.

**29.** a) Agudeza visual.

**30.** b) Menor o igual al 10 % (0,1 en la escala de Wecker), obtenida con la mejor corrección óptica y/o un campo visual menor o igual a 10 grados en el mejor de sus ojos.

**31.** b) Menor de 0,3 en el mejor de los ojos, o un campo visual inferior a 20 grados.

**32.** d) Pueden ser congénitas o adquiridas.

**33.** a) Miopía.

**34.** c) Un problema de motilidad.

**35.** d) Con buena iluminación y macrotipos para leer.

**36.** b) Acromatopsia.

**37.** c) Las cataratas.

**38.** b) Anacusia o cofosis.

**39.** b) Hipoacusia media o moderada.

**40.** c) Aparece tras la adquisición del lenguaje oral.

**41.** c) Suele ser menos profunda y con tratamiento médico.

**42.** d) Todas son correctas.

**43.** d) a y c son correctas.

**44.** a) Sordera de conducción.

**45.** d) Todas son correctas.

**46.** c) Sordera de percepción.

**47.** c) La audiometría.

**48.** c) 40-60 dB.

**49.** c) Es normal la conducción ósea y alterada la aérea.

**50.** a) Son anormales la conducción ósea y aérea.

**51.** d) Todas son correctas.

**52.** c) Transforma sonidos en descargas eléctricas.

**Concepto de discapacidad. Planificación centrada en la persona. Paradigma de los apoyos. Programas para el desarrollo de habilidades de autonomía personal en la vida diaria**

**1. Cuando una persona o grupo en que se integra es objeto de un trato discriminatorio debido a su relación con otra por motivo o por razón de discapacidad hablamos de:**

a) Discriminación directa.
b) Discriminación indirecta.
c) Discriminación por asociación.
d) Acoso.

**2. Las medidas de acción positiva:**

a) Son aquellas de carácter específico consistentes en evitar o compensar las desventajas derivadas de la discapacidad y destinadas a acelerar o lograr la igualdad de hecho de las personas con discapacidad y su participación plena en los ámbitos de la vida política, económica, social, educativa, laboral y cultural, atendiendo a los diferentes tipos y grados de discapacidad.
b) Es la situación en la que la persona con discapacidad ejerce el poder de decisión sobre su propia existencia y participa activamente en la vida de su comunidad, conforme al derecho al libre desarrollo de la personalidad.
c) Son aquellas por las que las personas con discapacidad deben poder llevar una vida en igualdad de condiciones, accediendo a los mismos lugares, ámbitos, bienes y servicios que están a disposición de cualquier otra persona.
d) Son aquellas por las que la sociedad promueve valores compartidos orientados al bien común y a la cohesión social.

**3. La nueva clasificación de discapacidades de la OMS, denominada Clasificación Internacional del Funcionamiento, de la Discapacidad y de la Salud, señala que el término "limitaciones en la actividad", sustituye al término:**

a) Discapacidad.
b) Deficiencia.

c) Minusvalía.

d) Ninguna de las respuestas anteriores es correcta.

**4. La planificación centrada en la persona se caracteriza por:**

a) Es un proceso individual, en el que solo interviene el profesional que desarrolla la relación de ayuda.

b) Se fundamenta en una relación de poder. El profesional decide lo que es mejor para la persona basándose en sus características y deseos.

c) Es un proceso continuo de escucha y de aprendizaje orientado a conocer lo que es importante para la persona.

d) Todas son correctas.

**5. La planificación centrada en la persona presenta la siguiente ventaja con respecto a otros tipos de planificación:**

a) Respeta la individualidad y las diferencias personales.

b) Permite un uso eficiente de los servicios.

c) Apoya a las personas para que descubran el futuro que desean.

d) Todas son correctas.

**6. La habilidad para definir y alcanzar metas fundadas en el conocimiento y en la valoración de sí mismo se conoce como:**

a) Autonomía.

b) Independencia.

c) Autodeterminación.

d) Resiliencia.

**7. Uno de los fundamentos básicos de esta forma de planificar los apoyos es:**

a) El rol del profesional es el de "experto" en apoyo, por lo que es el encargado del proceso de planificación.

b) El plan parte de las limitaciones de las personas para desarrollar los apoyos necesarios.

c) Se pretende encajar a la persona con discapacidad en los recursos y servicios existentes.

d) El plan tiene carácter dinámico y se basa en un proceso de escucha y aprendizajes continuos.

**8. El objetivo fundamental de la planificación centrada en la persona es:**

a) La adaptación de los servicios a las necesidades individuales.

b) El respiro familiar de los cuidadores informales.

c) Mejorar la calidad de vida del individuo según su estilo de vida deseado.

d) Ofrecer una atención en condiciones de igualdad a todos los usuarios.

**9. La planificación centrada en la persona busca ofrecer al usuario de los servicios sociales experiencias que incluyan:**

a) Presencia comunitaria: incrementar su presencia en la vida de la comunidad local.
b) Promover elecciones: tener más control y elección en sus vidas.
c) Apoyar contribuciones: Desarrollar competencias.
d) Todas son correctas.

**10. El cambio del paradigma del déficit al paradigma basado en los apoyos a la hora de definir la discapacidad intelectual:**

a) Supone considerar la discapacidad intelectual como un rasgo absoluto y estático que manifiesta la persona.
b) Supone poner el énfasis en la interacción entre la persona con un funcionamiento mental limitado y el entorno donde se desenvuelve.
c) Se produjo en 1921, en la primera edición del manual sobre la definición del retraso mental de la AARM.
d) Todas son correctas.

**11. Los apoyos que están disponibles en el propio ambiente y que son culturalmente apropiados y están soportados por recursos del propio entorno, se conocen como:**

a) Apoyos basados en servicios.
b) Apoyos naturales.
c) Apoyos ambientales.
d) Apoyos institucionales.

**12. La asistencia para superar un déficit de destrezas relacionadas con el empleo, es un ejemplo de apoyo:**

a) Intermitente.
b) Limitado.
c) Extenso.
d) Generalizado.

**13. La planificación del apoyo es un proceso secuencial que tiene:**

a) Cuatro componentes.
b) Cinco componentes.
c) Seis componentes.
d) Siete componentes.

**14. Para determinar el perfil de apoyos se han utilizado instrumentos estandarizados elaborados para detectar el rendimiento del individuo en cada una de las diferentes dimensiones de actividad, como:**

a) Los Programas Conductuales Alternativos (PCA) elaborados por Verdugo.
b) El Currículum de Destrezas Adaptativas (ALSC) de Gilman y cols.
c) El Inventario para la Planificación de Servicios y la Programación Individual (ICAP).
d) Todas son correctas.

**15. El plan individualizado de necesidades de apoyo debe:**

a) Dar prioridad a los apoyos basados en servicios antes que a los naturales.
b) Evitar los intereses y preferencias del sujeto, ya que de esta forma estaríamos limitando sus posibilidades de avanzar y conocer nuevas experiencias.
c) Incluir un plan para controlar la provisión y resultados personales de los apoyos provistos.
d) Todas son correctas.

**16. Uno de los principales indicadores de calidad de vida a nivel de individuos (microsistema), es:**

a) El Bienestar Emocional: felicidad, satisfacción.
b) El Bienestar Material: empleo, posesiones.
c) El Bienestar Físico: estado de salud, estado nutricional.
d) Todas son correctas.

**17. El modelo de los apoyos en la discapacidad intelectual se basa en un planteamiento ecológico. Esto quiere decir que:**

a) La atención se centra en la persona con discapacidad.
b) La atención se centra en la interacción que la persona con discapacidad establece con su ambiente.
c) Debemos recurrir a diferentes ámbitos: social, familiar, educativo, sanitario, etc., lo cual implica también a diferentes profesionales: médicos, psicólogos, profesores, educadores, cuidadores, personal auxiliar, etc.
d) La persona con discapacidad intelectual presenta limitaciones en el funcionamiento en varias dimensiones.

**18. La siguiente definición: "la necesidad de ayuda o asistencia importante para las actividades de la vida cotidiana" se refiere al concepto de:**

a) Dependencia.
b) Independencia.
c) Autonomía.
d) Autonomía personal.

**19. El concepto de autonomía:**

a) Se refiere a la capacidad de la persona para realizar de forma independiente aquellas actividades diarias que le permiten vivir adaptada a su entorno y cumpliendo su rol social.
b) Es un estado personal contrario a la dependencia.
c) Incluye también la capacidad para formular y realizar, a la vez, decisiones justas.
d) Todas son correctas.

**20. La capacidad para resolver problemas y tomar decisiones propias se denomina:**

a) Autonomía motriz.
b) Autonomía social.
c) Autonomía emocional.
d) Autonomía intelectual.

**21. La autonomía física se refiere a:**

a) La capacidad de movimiento y acción tanto en habilidades propias de la vida cotidiana como específicas o aprendidas.
b) La capacidad para relacionarse con los demás a través de un comportamiento propio y voluntario que demuestra un logro de habilidades sociales y determinados valores morales.
c) La capacidad para controlar las emociones, exteriorizarlas o interiorizarlas a conveniencia, ante cualquier situación.
d) La capacidad de pensamiento y razonamiento propio.

**22. Las actividades de la vida diaria tal como las define el libro blanco de la dependencia son:**

a) Aquellas actividades que requieren un desembolso económico para ser realizadas. Por ejemplo, ir al cine.
b) Aquellas actividades para las que necesitamos la ayuda de otra persona irremediablemente.
c) Aquellas actividades que una persona debe realizar diariamente para poder vivir de forma autónoma, integrada en su entorno habitual y cumpliendo su rol social.
d) Aquellas actividades que se realizan en compañía.

**23. En las actividades de la vida diaria se distingue entre:**

a) Actividades básicas de la vida diaria y actividades instrumentales de la vida diaria.
b) Actividades de cuidado personal y destrezas motrices.
c) Actividades básicas de la vida diaria y actividades domésticas de la vida diaria.
d) Actividades instrumentales de la vida diaria y actividades domésticas de la vida diaria.

**24. Las actividades relativas al autocuidado incluyen, por ejemplo:**

a) Desplazarse dentro del hogar.
b) Comer y beber solo.
c) Reconocer personas y objetos.
d) Todas son correctas.

**25. Se considera que un individuo es dependiente cuando:**

a) Presenta una discapacidad leve para alguna de las habilidades básicas de la vida diaria.
b) Presenta una discapacidad severa o total para alguna de las habilidades básicas de la vida diaria.
c) Presenta una discapacidad leve para alguna de las habilidades instrumentales de la vida diaria.
d) Presenta una discapacidad severa o total para alguna de las habilidades instrumentales de la vida diaria.

**26. Las actividades instrumentales de la vida diaria:**

a) Son actividades más simples que las actividades básicas de la vida diaria.
b) Implican la capacidad para tomar decisiones.
c) Requieren un menor grado de autonomía que las actividades básicas de la vida diaria.
d) Las opciones a) y b) son correctas.

**27. Para determinar la dependencia/independencia de un individuo se tienen en cuenta:**

a) Solo las actividades básicas de la vida diaria.
b) Solo las actividades instrumentales de la vida diaria.
c) Tanto las actividades básicas como las instrumentales.
d) Las actividades de la vida diaria, tanto básicas como instrumentales, no se tienen en cuenta para determinar la dependencia/independencia del individuo.

**28. Entre las actividades instrumentales de la vida diaria podemos citar:**

a) Actividades relacionadas con el funcionamiento mental, como reconocer personas y objetos.
b) Tareas domésticas como la preparación de comidas.
c) Actividades relacionadas con la movilidad en el hogar como cambiar y mantener las diversas posiciones del cuerpo.
d) Todas son correctas.

**29. Entre las actividades instrumentales de la vida diaria referidas a la administración del hogar y de la propiedad, podemos citar:**

a) Administrar el propio dinero.
b) Relacionarse con los compañeros.
c) Utilizar el teléfono.
d) Cuidado, limpieza y planchado de la ropa.

**30. Cuando una persona necesita ayuda para realizar varias actividades básicas de la vida diaria, al menos una vez al día:**

a) No tiene dependencia.
b) Tiene dependencia moderada.
c) Tiene dependencia severa.
d) Tiene gran dependencia.

**31. A la hora de realizar un programa de autonomía personal debemos tener en cuenta que:**

a) Debemos partir siempre de las capacidades que tiene la persona.
b) No es necesario conocer las habilidades que previamente tiene la persona, pues los programas son iguales para todos.
c) Los programas de autonomía personal no se pueden adaptar a las necesidades individuales de la persona, pues perderían eficacia.
d) El cuidador nunca participa en este tipo de programas, ya que su aplicación se realiza exclusivamente en el hogar.

**32. En un programa de autonomía personal debemos plantearnos los objetivos:**

a) Por debajo de lo que pretendemos conseguir realmente, para tener la certeza de que el niño los consigue.
b) Realistas, basándonos en las posibilidades reales del niño.
c) Por encima de lo que queremos conseguir, para conseguir el máximo posible.
d) No se plantean objetivos concretos, sino que vamos aplicando el programa mientras que el niño vaya avanzando.

**33. En cualquier programa de autonomía el cuidador debe:**

a) Ayudar a la persona a conseguir los objetivos que hemos fijado, sin intervenir, para hacer las cosas por ella.
b) Procurar que la persona sea cada vez más autónoma.
c) Intentar que nuestra presencia sea menos necesaria cada vez.
d) Todas son correctas.

**34. ¿Cómo denominamos a las técnicas surgidas de la tradición conductista y neoconductista que consiste en la aplicación de los principios del aprendizaje al estudio y tratamiento de los trastornos del comportamiento?**

a) Técnicas de autocontrol.
b) Técnicas de modificación de conductas.
c) Técnicas cognitivas.
d) Técnicas adaptativa.

**35. Una forma de que el niño con discapacidad tenga interés en el baño es mediante:**

a) Música ambiental.
b) Castigo corporal.
c) Juegos en el agua.
d) Prácticas de buceo.

**36. Para facilitar la autonomía en la limpieza de manos y cara:**

a) Es importante que el lavabo esté a la altura adecuada, y la toalla cerca del niño.
b) Debemos contar con un espejo delante del niño para que pueda verse la cara cuando esté lavándose.
c) El jabón que se debe utilizar no ha de molestar a los ojos y será neutro.
d) Todas las respuestas anteriores son correctas.

**37. De las siguientes actividades, la que más tardíamente se adquiere es la de:**

a) Limpieza de dientes.
b) Limpieza de fosas nasales.
c) Limpieza de uñas.
d) Baño.

**38. La encopresis es:**

a) Una forma de enuresis.
b) El estreñimiento propio de los alumnos con discapacidad.
c) La presencia de hemorragias nasales.
d) La incontinencia fecal.

**39. Para iniciar al niño en el uso del cuchillo, el cuidador:**

a) Se colocará por delante del niño.
b) Se coloca detrás del niño, y le coge las manos, indicándole verbalmente lo que tiene que ir haciendo. Después le cogerá por las muñecas y, finalmente, por los codos.
c) Pondrá al niño lo más cómodo posible, en general recostado.
d) Deberá usar refuerzos negativos.

**40. El aprendizaje para enseñar al niño a beber solo se caracteriza por:**

a) Uso de vasos con agarraderas.
b) El vaso debe estar lleno hasta arriba de agua.
c) El cuidador guiará al niño situándose delante de él.
d) Todas las respuestas anteriores son correctas.

**41. Cuando se habla de apoyos instrumentales para la alimentación, nos referimos a:**

a) Adaptación realizada en mesas y cubiertos para favorecer la autonomía personal en la alimentación.
b) Cuando es necesario que la persona coman en la silla de ruedas.
c) Cuando es preciso cambiar el tipo de comidas.
d) Las mesas que tienen paralelas de apoyo.

**42. En la creación de hábitos para vestirse debemos tener en cuenta que:**

a) Iremos de lo más fácil a lo más difícil.
b) La ropa debe abrirse por la parte trasera.
c) Es preferible usar calzado muy ajustado para que no se salga al andar.
d) Todas son correctas.

**43. A la hora de vestir a un niño con parálisis cerebral debemos tener en cuenta:**

a) La mayoría de ropa que se encuentra en el mercado no son apropiadas para niños con discapacidad motora.
b) En los primeros meses no existen diferencias considerables, pero a partir de los 8 o 9 meses, las características del bebé con parálisis cerebral (rigidez, espasmos musculares o movimientos incontrolados), hacen que la tarea de vestirlo resulte más compleja.
c) Es conveniente empezar a vestirlo por el brazo o la pierna menos afectados.
d) Para ponerle calcetines o zapatos debemos procurar que el niño no tenga las piernas dobladas.

# Solución al test n.º 8

**1.** c) Discriminación por asociación.

**2.** a) Son aquellas de carácter específico consistentes en evitar o compensar las desventajas derivadas de la discapacidad y destinadas a acelerar o lograr la igualdad de hecho de las personas con discapacidad y su participación plena en los ámbitos de la vida política, económica, social, educativa, laboral y cultural, atendiendo a los diferentes tipos y grados de discapacidad.

**3.** a) Discapacidad.

**4.** c) Es un proceso continuo de escucha y de aprendizaje orientado a conocer lo que es importante para la persona.

**5.** d) Todas son correctas.

**6.** c) Autodeterminación.

**7.** d) El plan tiene carácter dinámico y se basa en un proceso de escucha y aprendizajes continuos.

**8.** c) Mejorar la calidad de vida del individuo según su estilo de vida deseado.

**9.** d) Todas son correctas.

**10.** b) Supone poner el énfasis en la interacción entre la persona con un funcionamiento mental limitado y el entorno donde se desenvuelve.

**11.** b) Apoyos naturales.

**12.** b) Limitado.

**13.** b) Cinco componentes.

**14.** d) Todas son correctas.

**15.** c) Incluir un plan para controlar la provisión y resultados personales de los apoyos provistos.

**16.** d) Todas son correctas.

**17.** b) La atención se centra en la interacción que la persona con discapacidad establece con su ambiente.

**18.** a) Dependencia.

**19.** d) Todas son correctas.

**20.** d) Autonomía intelectual.

**21.** a) La capacidad de movimiento y acción tanto en habilidades propias de la vida cotidiana como específicas o aprendidas.

**22.** c) Aquellas actividades que una persona debe realizar diariamente para poder vivir de forma autónoma, integrada en su entorno habitual y cumpliendo su rol social.

**23.** a) Actividades básicas de la vida diaria y actividades instrumentales de la vida diaria.

**24.** b) Comer y beber solo.

**25.** b) Presenta una discapacidad severa o total para alguna de las habilidades básicas de la vida diaria.

**26.** b) Implican la capacidad para tomar decisiones.

**27.** a) Solo las actividades básicas de la vida diaria.

**28.** b) Tareas domésticas como la preparación de comidas.

**29.** a) Administrar el propio dinero.

**30.** b) Tiene dependencia moderada.

**31.** a) Debemos partir siempre de las capacidades que tiene la persona.

**32.** b) Realistas, basándonos en las posibilidades reales del niño.

**33.** d) Todas son correctas.

**34.** b) Técnicas de modificación de conductas.

**35.** c) Juegos en el agua.

**36.** d) Todas las respuestas anteriores son correctas.

**37.** c) Limpieza de uñas.

**38.** d) La incontinencia fecal.

**39.** b) Se coloca detrás del niño, y le coge las manos, indicándole verbalmente lo que tiene que ir haciendo. Después le cogerá por las muñecas y, finalmente, por los codos.

**40.** a) Uso de vasos con agarraderas.

**41.** a) Adaptación realizada en mesas y cubiertos para favorecer la autonomía personal en la alimentación.

**42.** a) Iremos de lo más fácil a lo más difícil.

**43.** b) En los primeros meses no existen diferencias considerables, pero a partir de los 8 o 9 meses, las características del bebé con parálisis cerebral (rigidez, espasmos musculares o movimientos incontrolados), hacen que la tarea de vestirlo resulte más compleja.

# TEST N.º 9

## Funciones y tareas del cuidador en servicios de atención a personas con discapacidad; centros residenciales, centros atención diurna y viviendas comunitarias

**1. Entre las competencias profesionales, personales y sociales del cuidador de personas en situación de dependencia, figura:**

a) Realizar las tareas de higiene personal y vestido de las personas en situación de dependencia, aportando la ayuda precisa, favoreciendo al máximo su autonomía en las actividades de la vida diaria, y manteniendo hacia ellos una actitud de respeto y profesionalidad.

b) Organizar la intervención relativa a la alimentación, supervisando los menús, preparando los alimentos y administrándolos cuando sea necesario.

c) Realizar los traslados, movilizaciones y apoyo a la deambulación de las personas en situación de dependencia, empleando los protocolos y las ayudas técnicas necesarias, siguiendo las pautas marcadas en el plan de atención individual (PIA) y adoptando medidas de prevención y seguridad.

d) Todas son correctas.

**2. Indica cuál de las siguientes características define a las habilidades sociales:**

a) Son conductas innatas manifiestas.

b) Están orientadas exclusivamente a la obtención de reforzamiento ambiental de tipo material.

c) Están constituidas por diversos componentes: componentes conductuales, componentes cognitivos y componentes fisiológicos.

d) Todas son correctas.

**3. Una de las habilidades prácticas de la inteligencia emocional, según Goleman, es:**

a) Empatía.

b) Habilidades verbales.

c) Capacidad comunicativa.
d) Simpatía.

**4. La manera en que la persona es capaz de manejar sus propias emociones y tranquilizarse a uno mismo, logrando mantener bajo control emociones negativas como la ansiedad, la tristeza o la irritabilidad extremas, se conoce como:**

a) Autoconciencia.
b) Autorregulación.
c) Optimismo.
d) Empatía.

**5. Señala la respuesta correcta sobre el autoconcepto positivo:**

a) Para desarrollar una buena autoestima no es requisito indispensable tener un autoconcepto positivo. Se puede desarrollar una buena autoestima teniendo un autoconcepto negativo.
b) Tener un autoconcepto positivo significa que solo tenemos conciencia de nuestras habilidades y capacidades, debiendo ignorar el resto.
c) Tener un autoconcepto positivo implica tener una clara conciencia tanto de nuestras habilidades como de las limitaciones, para poder cambiar aquello con lo que nos sintamos a disgusto y aceptar aquellos aspectos que no se pueden modificar.
d) Todas son correctas.

**6. ¿Por cuál de las siguientes vías se forma el autoconcepto?**

a) Por los juicios ajenos.
b) Por la interiorización de los juicios u opiniones de los demás sobre nosotros mismos.
c) Por las consecuencias de nuestras acciones, ya sean positivas o negativas.
d) Todas son correctas.

**7. Señala la respuesta correcta sobre la autoestima:**

a) El concepto de autoestima es sinónimo de autoconcepto.
b) Las personas con alta autoestima tienen baja tolerancia a la frustración.
c) La persona con alta autoestima tiene pobreza de sentimientos y emociones.
d) La persona con alta autoestima siempre busca que exista coherencia entre lo que dice y lo que hace.

**8. Entre las destrezas referidas a la comunicación que debe desarrollar el cuidador de atención a personas dependientes o personas con discapacidad podemos citar:**

a) Comportamiento no verbal.
b) Escuchar.

c) Preguntar.
d) Todas son correctas.

**9. El estilo de comunicación asertivo:**

a) Es la capacidad de expresar libremente las opiniones y sentimientos sin violar los derechos de los demás.
b) Es una forma de comunicación en la cual la persona no respeta sus derechos, y no es capaz de expresar con claridad sus opiniones y sentimientos.
c) Utiliza una forma de comunicación dañina y desafiante para expresar opiniones, emociones y defender los propios derechos.
d) Se caracteriza por no escuchar al otro y asentir a todo lo que dice sin haber escuchado.

**10. Las personas con alta autoestima suelen utilizar un estilo de comunicación:**

a) Activo.
b) Pasivo.
c) Asertivo.
d) Agresivo.

# Solución al test n. º 9

**1.** d) Todas son correctas.

**2.** c) Están constituidas por diversos componentes: componentes conductuales, componentes cognitivos y componentes fisiológicos.

**3.** a) Empatía.

**4.** b) Autorregulación.

**5.** c) Tener un autoconcepto positivo implica tener una clara conciencia tanto de nuestras habilidades como de las limitaciones, para poder cambiar aquello con lo que nos sintamos a disgusto y aceptar aquellos aspectos que no se pueden modificar.

**6.** a) Todas son correctas.

**7.** d) La persona con alta autoestima siempre busca que exista coherencia entre lo que dice y lo que hace.

**8.** d) Todas son correctas.

**9.** a) Es la capacidad de expresar libremente las opiniones y sentimientos sin violar los derechos de los demás.

**10.** c) Asertivo.

# TEST N.º 10

## El personal de referencia o apoyo en la atención a las personas con discapacidad. Trabajo interdisciplinar

**1. ¿Cuál es la función del profesional de referencia según el artículo 64 de la Ley Foral 15/2006, de 14 de diciembre, de Servicios Sociales?**

a) Canalizar los diferentes servicios y prestaciones que necesite el usuario, asegurando la globalidad y la coordinación de todas las intervenciones.

b) Prestar atención integral a una persona con discapacidad como único responsable de dicha atención.

c) Recibir y gestionar las quejas y reclamaciones en la atención a las personas con discapacidad.

d) Todas son correctas.

**2. ¿Qué normativa regula al profesional de referencia de Servicios Sociales de Navarra?**

a) Decreto Foral 21/2015, de 6 de junio.

b) Decreto Foral 6/2011, de 24 de enero.

c) Decreto Foral 15/2008, de 7 de julio.

d) Decreto Foral 4/2019, de 13 de mayo.

**3. Según el artículo 4 del Decreto Foral que regula la figura del Profesional de Referencia, una de sus funciones es:**

a) Informar, orientar y asesorar sobre los recursos y prestaciones de los sistemas de protección social.

b) Elaborar el Plan de Atención Individualizada, coordinando y dando coherencia a las intervenciones planificadas por el equipo interprofesional y teniendo en cuenta la elección de la persona usuaria y la familia.

c) Ser el interlocutor principal para la persona, familia y profesionales del sistema de servicios sociales y de otros sistemas de protección social.

d) Todas son correctas.

**4. Entre los servicios de atención ambulatoria para personas con discapacidad que deben contar con un profesional de referencia no figura:**

a) Servicio de atención temprana.
b) Servicio de rehabilitación de lenguaje.
c) Servicio de valoración de la discapacidad.
d) Todas son correctas.

**5. ¿Qué nivel de multiprofesionalidad está relacionado con la organización institucional?**

a) El primer nivel.
b) El segundo nivel.
c) El tercer nivel.
d) El cuarto nivel.

**6. El equipo interdisciplinar:**

a) Está relacionado con un objetivo común.
b) Está capacitado para desarrollar un mismo tipo de intervención.
c) Es un conjunto de profesionales de una misma disciplina profesional.
d) Ninguna es correcta.

**7. ¿Cuál de estos no es un requisito para el logro de la interdisciplinariedad?**

a) La igualdad de estatus.
b) La mayor colaboración entre distintas instituciones.
c) La modificación de las actitudes grupales.
d) Estabilidad personal.

**8. Señala cuál de las siguientes características definen a un equipo de trabajo:**

a) No existe un objetivo común, cada componente tiene sus propios objetivos.
b) Cada uno de sus componentes responde de forma individual por el trabajo que realiza.
c) Es necesaria la coordinación entre sus miembros.
d) Todas son correctas.

**9. El trabajo en equipo se caracteriza porque:**

a) Aumenta la carga de trabajo.
b) Mejora la calidad de los resultados. Con una mayor satisfacción percibida por el usuario y su familia.
c) No permite la optimización de recursos materiales y humanos.
d) Disminuye la motivación de los profesionales.

**10. Para que un equipo pueda ser eficiente es necesario:**

a) Los diferentes miembros deben dominar todas las parcelas del proyecto que aspiran a realizar.

b) El grupo de profesionales, con un responsable bien definido a la cabeza, debe actuar de forma organizada con vista a sacar el proyecto adelante.

c) Cada miembro asume voluntariamente el compromiso de aportar lo mejor de sí mismo, para conseguir los objetivos del grupo y de la organización en general.

d) Todas son correctas.

**11. Para que un equipo de trabajo funcione bien:**

a) Debe estar integrado por un mínimo de 15 participantes.

b) Es preferible un bajo perfil jerárquico, que facilite y estimule la expresión de todos los puntos de vista.

c) Los equipos más eficaces son aquellos que no necesitan realizar su propia autocrítica.

d) Todas son correctas.

**12. Uno de los factores que facilita el desarrollo de un equipo es:**

a) Que no existan objetivos ni reglas establecidas para dar paso a un trabajo más creativo.

b) Es conveniente mantener una participación equilibrada de todos los miembros.

c) Que no existan roles, sino que todos los integrantes del equipo sean capaces de hacer de todo.

d) Todas son correctas.

**13. La puesta en marcha de un equipo de trabajo es un proceso complejo que pasa por diferentes etapas, ¿en cuál de ellas el equipo entra en una fase muy productiva?**

a) Inicio.

b) Acoplamiento.

c) Madurez.

d) Agotamiento.

**14. Una de las dificultades del trabajo en equipos multidisciplinares es:**

a) La dilución de responsabilidades.

b) La lentitud en la respuesta.

c) La diferente consideración de los miembros del equipo.

d) Todas son correctas.

**15. Los equipos de trabajo más eficientes son aquellos en los que:**

a) Predomina el individualismo.

b) Existe una gran cohesión entre sus miembros.

c) No se considera a todos los miembros del equipo por igual.
d) Ninguno de los factores anteriores afecta a la eficacia del trabajo en equipo.

**16. ¿Cuál de los siguientes roles dentro de un equipo se considera disfuncional?**

a) El iniciador.
b) El activador.
c) El crítico.
d) El intelectual.

**17. ¿Cuál de los siguientes roles dentro de un equipo se considera funcional?**

a) El intelectual.
b) El crítico.
c) El negativo.
d) El pícaro.

**18. ¿Cuál de los siguientes roles tiene como principal característica el dinamismo y es la persona idónea para impulsar proyectos que estén funcionando con poca fuerza?**

a) El iniciador.
b) El activador.
c) El crítico.
d) El intelectual.

**19. Los comportamientos, dentro del grupo, que contribuyen a que el grupo continúe unido mediante la creación de una atmósfera agradable para los miembros, se conocen como:**

a) Los roles disfuncionales.
b) Los roles funcionales de producción.
c) Los roles funcionales de mantenimiento.
d) Los roles distractores.

**20. Una de las características que debe tener un buen líder es:**

a) Decisión, iniciativa y responsabilidad.
b) Integridad moral y aptitud para el trato.
c) Sentido práctico y capacidad organizativa.
d) Todas son correctas.

**21. El ejercicio de liderazgo, para que un equipo funcione requiere:**

a) La adecuación del líder con el grupo.
b) Reprender más que elogiar.
c) Tomar las decisiones de forma individual sin buscar la participación del grupo.
d) Todas son correctas.

**22. Un líder en un equipo de trabajo debe emplear las habilidades necesarias para que se dé, entre otras condiciones, la siguiente:**

a) Compromiso de los miembros con los objetivos del equipo.
b) Comunicación abierta, precisa y eficaz de ideas y sentimientos.
c) Distribución de la participación.
d) Todas son correctas.

**23. El trabajo interdisciplinar en una Institución Social se debe basar en la globalidad, esto quiere decir:**

a) Cada miembro del equipo debe implicarse en todos los aspectos de la vida del usuario en la institución.
b) Se debe valorar a la persona desde todos los aspectos de su vida, ya que sus necesidades y demandas son múltiples, diversas y relacionadas internamente entre sí.
c) Se establecen programas de atención globales, idénticos para todos los usuarios.
d) Las responsabilidades individuales se diluyen en las responsabilidades del equipo tomado como globalidad.

**24. Dentro del equipo interdisciplinar en los centros de atención sociosanitaria, el Médico-Médico Especialista (Geriatra, Rehabilitador u otros), se encarga de:**

a) Programa y supervisa los menús y dietas alimentarias de los usuarios e informa a los familiares sobre su estado de salud.
b) Atiende las necesidades asistenciales sanitarias de los residentes.
c) Supervisa el estado sanitario de las dependencias del centro y el trabajo del personal sanitario del mismo.
d) Todas son correctas.

**25. Dentro del equipo interdisciplinar en los centros de atención sociosanitaria, el encargado de preparar y administrar los medicamentos prescritos en los tratamientos por los médicos es:**

a) El fisioterapeuta.
b) El enfermero.
c) El terapeuta ocupacional.
d) El trabajador social.

**26. Dentro del equipo interdisciplinar en los centros de atención sociosanitaria, su función principal es la de asistir y cuidar a los usuarios en las actividades de la vida diaria que no puedan realizar por sí mismos, efectuando aquellos trabajos encaminados a su atención y la de su entorno. Hablamos de:**

a) El terapeuta ocupacional.
b) El trabajador social.

c) El cuidador.

d) Técnico en actividades socioculturales.

**27. Dentro del equipo interdisciplinar en los centros de atención sociosanitaria, una de las funciones del técnico en actividades socioculturales es:**

a) Efectúa la valoración de la situación personal, familiar y social de las personas usuarias y realiza los informes sociales correspondientes.

b) Participa desarrollando servicios propios ofrecidos en el plan general de actividades del propio centro, como actividades auxiliares de psicomotricidad, lenguaje, dinámicas o actividades de grupo y rehabilitación personal y social de las personas en la institución social.

c) Participa en el plan general de actividades y presupuestos del centro, buscando fuentes de información y procedimientos para obtener los recursos necesarios con que poner en marcha las actividades culturales.

d) Todas son correctas.

# Solución al test n.º 10

**1.** a) Canalizar los diferentes servicios y prestaciones que necesite el usuario, asegurando la globalidad y la coordinación de todas las intervenciones.

**2.** b) Decreto Foral 6/2011, de 24 de enero.

**3.** d) Todas son correctas.

**4.** c) Servicio de valoración de la discapacidad.

**5.** b) El segundo nivel.

**6.** a) Está relacionado con un objetivo común.

**7.** c) La modificación de las actitudes grupales.

**8.** c) Es necesaria la coordinación entre sus miembros.

**9.** b) Mejora la calidad de los resultados. Con una mayor satisfacción percibida por el usuario y su familia.

**10.** d) Todas son correctas.

**11.** b) Es preferible un bajo perfil jerárquico, que facilite y estimule la expresión de todos los puntos de vista.

**12.** b) Es conveniente mantener una participación equilibrada de todos los miembros.

**13.** c) Madurez.

**14.** d) Todas son correctas.

**15.** b) Existe una gran cohesión entre sus miembros.

**16.** c) El crítico.

**17.** a) El intelectual.

**18.** b) El activador.

**19.** c) Los roles funcionales de mantenimiento.

**20.** d) Todas son correctas.

**21.** a) La adecuación del líder con el grupo.

**22.** d) Todas son correctas.

**23.** b) Se debe valorar a la persona desde todos los aspectos de su vida, ya que sus necesidades y demandas son múltiples, diversas y relacionadas internamente entre sí.

**24.** d) Todas son correctas.

**25. b)** El enfermero.

**26. c)** El cuidador.

**27. c)** Participa en el plan general de actividades y presupuestos del centro, buscando fuentes de información y procedimientos para obtener los recursos necesarios con que poner en marcha las actividades culturales.

# TEST N.º 11

## Paradigma de apoyos a las personas con discapacidad. Apoyo conductual positivo

**1. Emerson define la conducta problemática como:**

a) Aquellas conductas manifestadas por las personas con discapacidad que suponen una violación contra los derechos de los demás.

b) Patrón recurrente de conducta negativista, desafiante, desobediente y hostil dirigido a las figuras de autoridad. En el caso de las personas con discapacidad, dirigidas al personal de apoyo.

c) Aquellas conductas que por su intensidad, duración o frecuencia afectan negativa mente al desarrollo personal del individuo, así como a sus oportunidades de participación en la comunidad.

d) Todas aquellas conductas que se caracterizan por un comportamiento agresivo hacia los demás y hacia sí mismo.

**2. La conducta problemática:**

a) Tienen un carácter disfuncional para el sujeto que la emite.

b) Son inestables a lo largo del tiempo.

c) Son conductas cuyo control requiere un esfuerzo añadido por parte del personal que proporciona los apoyos.

d) Todas son correctas.

**3. Emerson enumera tres características básicas de la conducta problemática. Señala la incorrecta:**

a) La conducta problemática se define por el impacto que esta tiene en la persona o en su entorno.

b) La conducta problemática se define en función del tipo de discapacidad que presenta la persona.

c) La conducta problemática se define socialmente.

d) De la conducta problemática se derivan consecuencias sociales y personales que pueden ser tanto inmediatas como a largo plazo.

**4. La mejor estrategia para atender a una conducta problemática especialmente grave o persistentes es:**

a) Enviar a la persona a residir permanentemente en un centro especializado.

b) Enviar a la persona con comportamiento problemático temporalmente a una unidad especializada para que allí se lleven a cabo los programas especializados necesarios.

c) Tratamiento intensivo en el propio centro de residencia.

d) Tratamiento farmacológico.

**5. El apoyo conductual positivo surge a partir del análisis conductual aplicado. Dentro de los psicólogos que comparten el enfoque del análisis conductual aplicado, surge un grupo que, viendo que no consiguen mejorar la calidad de vida de las personas con problemas graves de conducta, empiezan a introducir cambios como:**

a) La intervención pasa a realizarse en los contextos habituales donde el sujeto emite la conducta y no en contextos de laboratorio.

b) Para lograr una mayor validez interna, las personas que aplican las intervenciones van a ser los investigadores.

c) Las intervenciones se realizan en sesiones cortas para facilitar la atención de las personas con discapacidad.

d) Todas son correctas.

**6. Desde el punto de vista del apoyo conductual positivo consideraremos una intervención exitosa, si hemos conseguido:**

a) Reducir o eliminar la conducta problemática del individuo.

b) Que la persona cambie su estilo de vida de modo que le permita volver a participar en actividades de la comunidad de las cuales fue anteriormente excluida o a las que nunca tuvo acceso.

c) Disminuir la funcionalidad de las conductas alternativas.

d) Aumentar la funcionalidad de las conductas problemáticas.

**7. Una de las características del apoyo conductual positivo es:**

a) Es global e incluye intervenciones múltiples.

b) Enseña habilidades alternativas y adapta el ambiente

c) Se diseña para ser aplicado en contextos de la vida diaria.

d) Todas son correctas.

**8. El apoyo conductual positivo:**

a) Requiere centrarnos en una conducta concreta, que se emita ante una situación determinada, en un momento concreto.

b) Requiere reestructurar la vida cotidiana del sujeto con discapacidad, siempre de acuerdo con sus intereses y aspiraciones y ofreciéndole oportunidades múltiples de elección.

c) No permite aplicar de forma simultánea diversas estrategias y procedimientos de intervención.

d) Todas son correctas.

**9. Dos puntos fundamentales del apoyo conductual positivo son:**

a) La utilización de técnicas aversivas y el castigo moderado.
b) La enseñanza de habilidades alternativas y la adaptación del ambiente.
c) El refuerzo positivo y el castigo positivo.
d) La enseñanza de habilidades sociales y el castigo negativo.

**10. Una de las características del apoyo conductual positivo es que refleja los valores de la persona, respeta su dignidad y sus preferencias, y trata de mejorar su estilo de vida. Esto implica que:**

a) Aceptemos un comportamiento problemático.
b) No se aceptan los propósitos que manifiestan mediante la conducta problemática.
c) La estrategia básica de intervención sean los procedimientos aversivos.
d) Las consecuencias de la conducta problemática serán siempre naturales y ajusta das a la edad del individuo, debiendo primar siempre el respeto a la persona.

**11. Tres son los objetivos principales de los planes de apoyo. Señala el incorrecto:**

a) Incrementar la frecuencia de la conducta alternativa.
b) Mejorar la convivencia en el centro.
c) El descenso de la frecuencia de la conducta problemática.
d) Mejorar la calidad de vida de la persona.

**12. Los principios que han de orientar la intervención en la conducta problemática de las personas con discapacidad son cuatro. Señala el incorrecto:**

a) La conducta problemática tiene una función para la persona.
b) La conducta problemática está relacionada con el tipo de discapacidad que presenta la persona y grado de la misma.
c) Una intervención eficaz debe basarse en la comprensión de la persona, su contexto social y la función de la conducta.
d) La intervención debe basarse en los valores de la persona, el respeto a la dignidad, sus preferencias y sus aspiraciones.

**13. Una persona con discapacidad intelectual que se comporta de manera problemática lo hace porque:**

a) Es una de las manifestaciones de la discapacidad.
b) Se siente bien molestando a los demás.
c) No conoce otra forma de comportarse ante un determinado suceso.
d) Es uno de los síntomas de la discapacidad intelectual.

**14. La conducta problemática está relacionada con el contexto porque:**

a) Cuando ocurren, son indicio de que algo en el ambiente no se adapta a las necesidades de la persona.
b) Solo ocurre en contextos institucionales como centros residenciales.
c) Solo ocurre cuando la persona con discapacidad no es tratada con respeto por parte del personal de apoyo.
d) La conducta problemática no está relacionada con el contexto, ya que puede aparecer en cualquier situación, depende únicamente de la persona con discapacidad y su estado emocional.

**15. El proceso de apoyo conductual positivo se desarrolla a lo largo de:**

a) Tres fases.
b) Cuatro fases.
c) Cinco fases.
d) Seis fases.

**16. Según la Escala ICAP, la conducta de abrazarse en exceso a otros se clasifica como:**

a) Heteroagresividad o daño a otros.
b) Conducta disruptiva.
c) Hábitos atípicos o repetitivos (estereotipias).
d) Conducta social ofensiva.

**17. Conductas como tocarse los genitales u orinar en lugares no apropiados se clasifican en la Escala ICAP como:**

a) Heteroagresividad o daño a otros.
b) Conducta disruptiva.
c) Hábitos atípicos o repetitivos (estereotipias).
d) Conducta social ofensiva.

**18. El primer paso en la evaluación funcional de la conducta es recoger información general de la persona. Esta información se recoge mediante:**

a) Entrevistas a profesionales, familiares y usuarios.
b) Revisión de planes de trabajo con la persona.
c) Instrumentos estandarizados: test y cuestionarios de conducta.
d) Todas son correctas.

**19. En el proceso de evaluación funcional de la conducta son importantes las hipótesis funcionales, que se refieren a:**

a) Las razones del comportamiento problemático de la persona con discapacidad.
b) La clasificación de la conducta en la Escala ICAP.

c) La valoración de cómo influye el tipo de discapacidad en la emisión de la conducta.

d) El análisis de cómo se desarrollaría el problema en caso de no intervenir, para valorar si la intervención es o no necesaria.

**20. Para que los planes de apoyo conductual positivo sean eficaces deben reunir varias características. Señala la incorrecta:**

a) Basarse en una evaluación funcional.

b) Centrarse en una única intervención.

c) Ser aplicables en entornos habituales.

d) Articularse en el marco de la Planificación Centrada en la Persona.

**21. Todo plan de apoyo conductual positivo consta de cuatro componentes que:**

a) Son independientes, por lo que están pensados para ser aplicados por separado.

b) Se aplican de forma secuencial siempre en el mismo orden, para que sean efectivos.

c) Se deben considerar en la intervención de forma simultánea.

d) Se aplican de forma secuencial siempre en el mismo orden, pero no son cuatro componentes, sino cinco.

**22. Uno de los componentes del plan de apoyo positivo es la modificación de los factores del entorno. La intervención sobre los estímulos antecedentes:**

a) Es un ejemplo de estrategia reactiva.

b) Tiene como una de sus principales ventajas la rapidez: puede reducir inmediatamente la conducta problemática.

c) El principal inconveniente es que no permite una intervención de carácter preventivo.

d) Produce cambios eficaces a largo plazo.

**23. La enseñanza de habilidades alternativas en sentido estricto consiste en:**

a) Enseñar a la persona a utilizar conductas apropiadas que le sirvan para la misma función que su conducta problemática.

b) Desarrollar competencias que permitan prevenir las situaciones que suelen desencadenar la conducta problemática y, si es el caso, afrontar tales situaciones sin tener que recurrir a dichas conductas.

c) Enseñar a las personas a afrontar o tolerar las situaciones difíciles.

d) Todas son correctas.

**24. Utilizar técnicas de sensibilización para enseñar a la persona a aceptar exámenes médicos, enseñarle a relajarse en situaciones estresantes, enseñarle habilidades de resolución de conflictos o enseñarle a controlar sus episodios de enfado. Son ejemplos de:**

a) Enseñanza de habilidades alternativas en sentido estricto.

b) Enseñanza de habilidades generales.

c) Enseñanza de habilidades de afrontamiento o tolerancia.

d) Enseñanza de habilidades sociales.

**25. A la hora de enseñar habilidades alternativas en cualquiera de sus modalidades debemos tener en cuenta:**

a) Nos aseguraremos de que las habilidades alternativas en sentido estricto sirvan para una función diferente a la de la conducta problemática.

b) Debemos seleccionar habilidades que tengan cierto grado de dificultad. Si resultan relativamente fáciles para la persona con discapacidad, pueden no ser motivantes y no captar su atención.

c) Se deben enseñar, en primer lugar, las habilidades que produzcan efectos a largo plazo y no efectos inmediatos.

d) Siempre enseñaremos antes de que ocurra la conducta problemática.

**26. Señala la afirmación correcta sobre las estrategias de manejo de crisis:**

a) Se utilizan como procedimiento de emergencia.

b) Cumplen una función de enseñanza en el marco del plan de Apoyo Conductual Positivo.

c) Constituyen la principal medida de prevención de la conducta problemática.

d) Todas son correctas.

**27. En el apoyo conductual positivo las intervenciones sobre el estilo de vida tienen la finalidad de:**

a) Reforzar a la persona cuando recurre a habilidades alternativas.

b) Reducir la eficacia de las conductas problemáticas.

c) Prevenir a largo plazo las conductas problemáticas a través de la mejora general de su calidad de vida.

d) Se utilizan como medida de protección cuando otras estrategias integradas en el plan de apoyo conductual han fallado en la prevención de la aparición de conductas peligrosas.

**28. ¿Qué tipo de intervención permiten ofrecer a la persona con discapacidad un apoyo continuo y a largo plazo?**

a) Modificación de los factores del entorno (antecedentes).

b) Enseñanza de habilidades alternativas.

c) Intervenciones Basadas en las Consecuencias.

d) Intervenciones Sobre el Estilo de Vida.

**29. La última fase del proceso de apoyo conductual positivo es el seguimiento del plan de apoyo. Uno de los principales aspectos que se valoran en el seguimiento es:**

a) Si la persona ha aprendido habilidades nuevas.

b) Si la frecuencia de la conducta problemática ha descendido a niveles tolerables.

c) Si ha mejorado la calidad de vida tanto de la persona como de la familia.

d) Todas son correctas.

**30. Puede ocurrir que el grupo de seguimiento detecte que no hemos conseguido los objetivos previstos. En este caso es fundamental indagar las causas de la falta de éxito, para poder poner una solución. La mayoría de las veces el fracaso se debe a:**

a) Una evaluación funcional incompleta en la que faltan elementos clave para comprender la conducta.

b) Una falta de visión compartida, lo que hace que los miembros del grupo no trabajen como un equipo que comparta todos sus conocimientos e informaciones.

c) Las respuestas a) y b) son correctas.

d) El apoyo conductual positivo siempre tiene éxito, por eso se utiliza en la atención a las personas con discapacidad.

# Solución al test n.º 11

**1.** c) Aquellas conductas que por su intensidad, duración o frecuencia afectan negativa mente al desarrollo personal del individuo, así como a sus oportunidades de participación en la comunidad.

**2.** c) Son conductas cuyo control requiere un esfuerzo añadido por parte del personal que proporciona los apoyos.

**3.** b) La conducta problemática se define en función del tipo de discapacidad que presenta la persona.

**4.** c) Tratamiento intensivo en el propio centro de residencia.

**5.** a) La intervención pasa a realizarse en los contextos habituales donde el sujeto emite la conducta y no en contextos de laboratorio.

**6.** b) Que la persona cambie su estilo de vida de modo que le permita volver a participar en actividades de la comunidad de las cuales fue anteriormente excluida o a las que nunca tuvo acceso.

**7.** d) Todas son correctas.

**8.** b) Requiere reestructurar la vida cotidiana del sujeto con discapacidad, siempre de acuerdo con sus intereses y aspiraciones y ofreciéndole oportunidades múltiples de elección.

**9.** b) La enseñanza de habilidades alternativas y la adaptación del ambiente.

**10.** d) Las consecuencias de la conducta problemática serán siempre naturales y ajusta das a la edad del individuo, debiendo primar siempre el respeto a la persona.

**11.** b) Mejorar la convivencia en el centro.

**12.** b) La conducta problemática está relacionada con el tipo de discapacidad que presenta la persona y grado de la misma.

**13.** c) No conoce otra forma de comportarse ante un determinado suceso.

**14.** a) Cuando ocurren, son indicio de que algo en el ambiente no se adapta a las necesidades de la persona.

**15.** d) Seis fases.

**16.** b) Conducta disruptiva.

**17.** d) Conducta social ofensiva.

**18.** d) Todas son correctas.

**19.** a) Las razones del comportamiento problemático de la persona con discapacidad.

**20.** b) Centrarse en una única intervención.

**21.** c) Se deben considerar en la intervención de forma simultánea.

**22.** b) Tiene como una de sus principales ventajas la rapidez: puede reducir inmediata mente la conducta problemática.

**23.** a) Enseñar a la persona a utilizar conductas apropiadas que le sirvan para la misma función que su conducta problemática.

**24.** c) Enseñanza de habilidades de afrontamiento o tolerancia.

**25.** d) Siempre enseñaremos antes de que ocurra la conducta problemática.

**26.** a) Se utilizan como procedimiento de emergencia.

**27.** c) Prevenir a largo plazo las conductas problemáticas a través de la mejora general de su calidad de vida.

**28.** d) Intervenciones Sobre el Estilo de Vida.

**29.** d) Todas son correctas.

**30.** c) Las respuestas a) y b) son correctas.

# TEST N.º 12

## Papel del cuidador en la inclusión y participación comunitaria

**1. Según la Ley Foral 31/2022, de 28 de noviembre, de atención a las personas con discapacidad en Navarra y garantía de sus derechos "el proceso en virtud del cual la sociedad promueve valores compartidos orientados al bien común y a la cohesión social, permitiendo que todas las personas con discapacidad tengan los recursos y oportunidades necesarias para participar plenamente en la vida política, económica, social, educativa, laboral y cultural, y para disfrutar de unas condiciones de vida en igualdad con las demás personas" se conoce como:**

a) Tratamiento integral.
b) Inclusión social.
c) Política social.
d) Movimiento de vida independiente.

**2. ¿Cuál de los principios los en los que se fundamenta la Ley Foral 31/2022, de 28 de noviembre se refiere al hecho de que "garantizar los derechos de las personas con discapacidad y los cuidados son una tarea que implica a la sociedad en su conjunto, además de a los poderes públicos, familias y entidades que trabajan por ello, y en igual medida a hombres que a mujeres"?**

a) Accesibilidad universal.
b) Diálogo civil.
c) Enfoque preventivo.
d) Corresponsabilidad.

**3. Este principio implica que las personas con discapacidad cuenten con todos los medios necesarios para que puedan tomar opciones y ejercer el control sobre sus vidas y adoptar todas las decisiones que les afecten, y participen activamente en la vida de la comunidad, conforme al derecho al libre desarrollo de la persona:**

a) vida independiente.
b) No discriminación.
c) Diseño universal
d) Participación e inclusión plenas y efectivas en la sociedad

**4. ¿Qué artículos de la de la Convención Internacional de Naciones Unidas sobre los derechos de las personas con discapacidad se refieren a la participación de las personas con discapacidad?**

a) Los artículos 27 y 28.
b) Los artículos 29 y 30.
c) Los artículos 31 y 32.
d) Los artículos 33 y 34.

**5. La Convención Internacional de Naciones Unidas sobre los derechos de las personas con discapacidad en uno de sus artículos establece que los Estados Partes reconocen el derecho de las personas con discapacidad a participar, en igualdad de condiciones con las demás, en la vida cultural y adoptarán todas las medidas pertinentes para asegurar que las personas con discapacidad:**

a) Tengan acceso a material cultural en formatos accesibles;
b) Tengan acceso a programas de televisión, películas, teatro y otras actividades culturales en formatos accesibles;
c) Tengan acceso a lugares en donde se ofrezcan representaciones o servicios culturales tales como teatros, museos, cines, bibliotecas y servicios turísticos y, en la medida de lo posible, tengan acceso a monumentos y lugares de importancia cultural nacional.
d) Todas son correctas.

**6. Entre las funciones del Consejo Navarro de la Discapacidad no se encuentra:**

a) Promoción y seguimiento en la Comunidad Foral de Navarra de los instrumentos jurídicos internacionales en materia de derechos humanos de las personas con discapacidad.
b) Emitir un informe anual sobre el grado de cumplimiento de las previsiones en materia de accesibilidad universal de la Ley Foral 31/2022, de 28 de noviembre, que será remitido al Parlamento de Navarra.
c) Difundir buenas prácticas e iniciativas recomendables en el ámbito de las políticas públicas y las privadas de discapacidad.
d) Impulsar actividades de investigación, formación, innovación, ética y calidad en el ámbito de la discapacidad.

**7. Una de las técnicas para favorecer la relación social consiste en unir una conducta ya existente con otra nueva, para ir construyendo nuevas habilidades. Esta técnica se denomina:**

a) Aproximaciones sucesivas (Shaping).
b) Encadenamiento (Chaining).
c) Reforzamiento positivo.
d) Reforzamiento negativo.

**8. La máxima proporción de ayuda que necesita un sujeto para completar una tarea en la técnica de aplicación y retirada de estímulos de ayuda (Prompting y Fading) es:**

a) Incitaciones verbales.
b) Incitaciones gestuales.
c) Incitaciones físicas.
d) Modelado.

**9. En la técnica de aplicación y retirada de estímulos de ayuda (Prompting y Fading) uno de los estímulos de incitación que se utilizan consiste en hacer una demostración. Se requiere que el sujeto posea capacidad imitativa. Nos referimos a:**

a) Incitaciones verbales.
b) Incitaciones gestuales.
c) Incitaciones físicas.
d) Modelado.

**10. Para un uso adecuado del reforzamiento positivo debe tenerse en cuenta:**

a) Es necesario que los programas de reforzamiento sean individualizados.
b) Los reforzadores han de administrarse inmediata, consistente y contingentemente.
c) Evitar usar siempre los mismos reforzadores para que no lleven a saturación.
d) Todas son correctas.

**11. Una de las recomendaciones a tener en cuenta a la hora de aplicar un programa de fichas es:**

a) Las fichas deben administrarse contingentemente, una vez realizada la conducta y con la mayor inmediatez posible.
b) Reforzar únicamente el 50% de las reacciones positivas.
c) No es conveniente combinar los programas de fichas con el aprendizaje con modelos u otros estímulos discriminativos.
d) Todas son correctas.

**12. La retirada de un estímulo aversivo o de una situación desagradable se conoce como:**

a) Reforzamiento positivo.
b) Reforzamiento negativo.
c) Castigo positivo.
d) Castigo negativo.

**13. Una de las consideraciones sobre el empleo de la técnica del control de estímulos es:**

a) A base de observación, hay que fijar toda la cadena de conducta, empezando por las señales antecedentes y acabando por la meta final o nueva conducta.

b) Se estudian los estímulos que provocan la conducta deseada y se procura que sean ellos los únicos que actúen.

c) Se debe entrenar al sujeto para que el mismo lleve su propio control de estímulos sobre su conducta.

d) Todas son correctas.

**14. Uno de los objetivos de los programas de actividades en entornos institucionales es:**

a) Mantener la independencia de la persona en la realización de las actividades de la vida diaria.

b) Luchar contra el aislamiento y el encierro en uno mismo.

c) Satisfacer la necesidad de divertirse.

d) Todas son correctas.

**15. Una de las actividades dirigidas a mejorar y potenciar la comunicación y las habilidades sociales en Centros institucionales son los grupos de conversación. Sobre ellos podemos afirmar:**

a) Es preferible no elegir un tema de antemano.

b) Si se elige algún tema de antemano, es preferible que lo haga el personal y no los usuarios.

c) Estos grupos hacen trabajar la memoria, ya que son un medio de hacer resurgir los recuerdos, revivir el pasado y encontrar una capacidad de expresión que se creía perdida.

d) Abordar siempre temas de carácter general que no implique aspectos de carácter personal como aficiones e intereses, charlas sobre las distintas regiones de origen de los componentes del grupo o el antiguo oficio.

**16. Una de las actividades que se puede realizar para fomentar la participación de las personas usuarias son los talleres de música. ¿Qué tipo de actividad consiste en la audición de extractos musicales elegidos?**

a) Música receptiva.

b) Música activa.

c) Música vivenciada.

d) Inclusión musical.

**17. Esta actividad consiste en, por ejemplo, ver una película y posteriormente abrir un diálogo sobre lo visto. Esto nos ayudará a fomentar la comunicación entre las personas y a desinhibirse. Hablamos de:**

a) Collage.
b) Música activa.
c) Videoforum.
d) Actividades lúdicas.

**18. ¿Cuál de los siguientes tipos de recursos no pertenece a la clasificación que Kisnerman hace de los mismos?**

a) Materiales.
b) Sociales.
c) Financieros.
d) Humanos.

# Solución al test n.º 12

**1.** b) Inclusión social.

**2.** d) Corresponsabilidad.

**3.** a) Vida independiente.

**4.** b) Los artículos 29 y 30.

**5.** d) Todas son correctas.

**6.** b) Emitir un informe anual sobre el grado de cumplimiento de las previsiones en materia de accesibilidad universal de la Ley Foral 31/2022, de 28 de noviembre, que será remitido al Parlamento de Navarra.

**7.** a) Aproximaciones sucesivas (Shaping).

**8.** c) Incitaciones físicas.

**9.** d) Modelado.

**10.** d) Todas son correctas.

**11.** a) Las fichas deben administrarse contingentemente, una vez realizada la conducta y con la mayor inmediatez posible.

**12.** b) Reforzamiento negativo.

**13.** d) Todas son correctas.

**14.** d) Todas son correctas.

**15.** c) Estos grupos hacen trabajar la memoria, ya que son un medio de hacer resurgir los recuerdos, revivir el pasado y encontrar una capacidad de expresión que se creía perdida.

**16.** a) Música receptiva.

**17.** c) Videoforum.

**18.** b) Sociales.

# TEST N.º 13

**Ética en la atención a personas con discapacidad. Toma de decisiones de las personas con discapacidad, participación y proyecto de vida**

**1. El término deontología profesional:**

a) Hace referencia al conjunto de principios y reglas éticas que regulan y guían una actividad profesional.

b) Hace referencia al catálogo de funciones que debe cumplir una persona en el ejercicio de su profesión.

c) Hace referencia a la retribución económica asociada a un puesto de trabajo en relación a la categoría profesional.

d) Ninguna es correcta.

**2. Señala la respuesta oportuna sobre la correcta actuación del cuidador:**

a) La asistencia se dispensará dependiendo de las circunstancias personales o sociales del usuario, tal como sexo, tipo de discapacidad o enfermedad que padezca, raza, religión, opinión, nacionalidad...

b) El cuidador respetará la confidencialidad y guardará el secreto profesional en relación con aquella información, obtenida directa o indirectamente, sobre las personas a las que atiende. En aquellos casos en que por necesidad se haya de trasladar información entre profesionales o instituciones, se hará siempre preservando la intimidad de la persona y por el beneficio de esta.

c) Todas las actuaciones del cuidador irán orientadas a dispensar la atención que, según su criterio profesional, considere más adecuada para el usuario, aunque ello implique que no se respeten los derechos humanos.

d) Todas son correctas.

**3. Para asegurar la discreción y respeto hacia la persona usuaria y su entorno el cuidador debe:**

a) Guardar el secreto profesional.

b) Ponerse en el lugar del usuario.

c) Asegurar la igualdad en la calidad de la prestación de su servicio.

d) Todas son correctas.

**4. Mostrar buena voluntad de ayuda en la atención a las personas con discapacidad implica:**

a) Ayudar a la persona con discapacidad a realizar todas las actividades de la vida diaria, sin excepción.

b) Ayudar a la persona con discapacidad a realizar todas las actividades de la vida diaria, excepto las referidas al aseo personal, para respetar la intimidad.

c) Ayudar a la persona con discapacidad a realizar todas las actividades de la vida diaria, excepto las que pueden realizar sus familiares.

d) Tener paciencia y no intervenir sin antes darle la oportunidad de hacer las cosas por sí mismo.

**5. Para respetar la individualidad y privacidad de la persona en situación de vulnerabilidad, es conveniente que el cuidador:**

a) Solicite permiso antes de acceder a su espacio, a sus pertenencias o a las tareas.

b) No comente circunstancias personales y situaciones de la persona usuaria delante de otras personas.

c) No se inmiscuya en sus relaciones familiares opinando o tomando partido.

d) Todas son correctas.

**6. Entre las actitudes referidas a la comunicación y la empatía que debe mostrar el cuidador de las personas con discapacidad, podemos citar:**

a) Mostrar afecto siempre adoptando un tono de lenguaje infantil, aunque la persona atendida sea mayor, ya que si presenta discapacidad o está en situación de dependencia nos entenderá mejor.

b) Personalización de la atención, dirigiéndose siempre a la persona con respeto, llamándola por su nombre y no tuteándole.

c) Crear un ambiente de confianza en el que el cuidador pueda, incluso, contarle situaciones o problemas personales.

d) Todas son correctas.

**7. La Declaración Universal sobre Bioética y Derechos Humanos:**

a) Se aprobó en octubre de 2015.

b) Se aprobó en una Conferencia General de la UNESCO.

c) Es un acuerdo de carácter nacional donde las diferentes comunidades autónomas de España se comprometen a respetar y aplicar los principios fundamentales de la bioética.

d) Todas son correctas.

**8. Uno de los principios éticos establecidos por la Declaración Universal sobre Bioética y Derechos Humanos se refiere:**

a) En la práctica médica se debe fomentar siempre los beneficios directos e indirectos para los pacientes y reducir al máximo los efectos nocivos sobre las personas.
b) Respeto a la vulnerabilidad humana y la integridad personal, protegiendo siempre a los grupos especialmente vulnerables
c) Respeto del derecho a la privacidad y confidencialidad.
d) Todas son correctas.

**9. ¿Qué establece la Declaración Universal sobre Bioética y Derechos Humanos sobre el consentimiento libre e informado en las personas carentes de capacidad para dar su consentimiento?**

a) Estas personas deben gozar de especial protección en conformidad con la legislación.
b) En estos casos no es necesario el consentimiento informado; la decisión la toma el profesional que lo atiende.
c) En estos casos no es necesario el consentimiento informado; la decisión la toma un familiar directo.
d) En tal declaración no se menciona nada sobre estos aspectos.

**10. La bioética establece cuatro principios fundamentales, entre los que no se encuentra:**

a) Autonomía.
b) Beneficencia.
c) Autodeterminación.
d) No maleficencia.

**11. Una de las características que define el modelo clásico de atención dispensado a las personas con alguna discapacidad es:**

a) El respeto por los valores, preferencias y necesidades expresadas por las personas.
b) La identificación y reducción de síntomas.
c) El acceso a la asistencia y la integración de la atención.
d) El confort físico.

**12. Señala la respuesta incorrecta. La atención integral a la persona se organiza en base a:**

a) La provisión de apoyos para facilitar la autodeterminación, la promoción de una vida significativa y la búsqueda de bienestar.
b) La emisión de conductas alineadas con lo importante para la persona y la satisfacción personal.

c) La identificación y reducción de síntomas, el servicio, las prestaciones, etc.

d) Las acciones comunitarias que incluyan a usuarios, familia y trabajadores.

**13. ¿Cómo denominamos, desde el modelo de la planificación centrada en la persona, al conjunto de propósitos, objetivos, metas, actividades y expectativas que dan sentido a la vida de cada persona?**

a) Valores.

b) Visión.

c) Objetivos.

d) Proyecto de vida.

**14. Señala la respuesta incorrecta. El proyecto de vida consiste en:**

a) La concreción de metas, objetivos y acciones que se encuentran conectados con los valores personales.

b) La consideración de lo importante para la persona.

c) La obtención de resultados de la puesta en práctica de una serie de acciones prefijadas.

d) El reconocimiento de las direcciones hacia las que se orienta la vida, que producen satisfacción vital a la persona.

**15. Existen una serie de cualidades del proyecto de vida desde el enfoque centra do en la valoración de la persona. Señala la que no corresponda:**

a) Es atemporal.

b) Es personal.

c) Es controlable.

d) Es significativo.

**16. Los proyectos de vida poseen una serie de componentes que los definen. ¿Cuál de ellos se relaciona con los objetivos que se plantea la persona para mantenerse en la dirección que marcan sus valores?**

a) El propósito.

b) Las metas.

c) Las acciones.

d) La visión.

**17. Los componentes del proyecto de vida que describen las cualidades persona les que uno desea encarnar en sus acciones, el tipo de persona que quiere ser y los principios fundamentales que guían y motivan su viaje por la vida se llaman:**

a) Propósitos.

b) Metas.

c) Acciones.

d) Valores.

**18. Para poder activar el proyecto de vida, existen varios ámbitos en los que se profundizará, con el apoyo del profesional responsable. Señala el área que no corresponda:**

a) Apoyo a las transiciones vitales profundas.

b) Apoyo a una vida cotidiana significativa y con calidad.

c) Apoyo a la discapacidad y sus limitaciones.

d) Apoyo para la identificación de propósitos, metas o retos.

**19. El patrón y la intensidad de los apoyos que necesitan las personas con discapacidad guarda relación con:**

a) El grado de independencia que se observa en la persona.

b) La red social de la persona.

c) El convencimiento y el compromiso del usuario y los profesionales.

d) El desajuste entre la competencia personal de una persona con discapacidad y lo que el entorno le demanda.

**20. Los tipos e intensidad de los apoyos prestados a una determinada persona se ajustan a:**

a) La disponibilidad técnica de los sanitarios.

b) Las necesidades personales.

c) Las circunstancias familiares del usuario.

d) La planificación de los servicios a gran escala.

**21. El objetivo fundamental del grupo de apoyo es:**

a) Cambiar los valores y preferencias de la persona, su vida y atención.

b) Ocupar el papel de la persona.

c) Empoderar a la persona.

d) Decidir por la persona.

**22. El proceso de creación y elaboración del proyecto de vida de la persona comienza por:**

a) La historia de vida.

b) Las singularidades de la persona sobre la que se va a realizar el proyecto de vida.

c) Escuchar lo que es importante para la persona.

d) Planificar metas y apoyos para vivir mejor.

**23. ¿En qué fase del proceso para la activación del proyecto de vida y el aporte de los apoyos se va a identificar, junto con la persona con discapacidad o sus representantes legales, qué personas (de su red natural y profesional) pueden participar en "su grupo" de apoyo para ayudarle a proponer y conseguir sus metas personales?**

a) En la primera fase, convocar al equipo.
b) En la segunda fase, evaluación comprensiva.
c) En la tercera fase, preparación y planificación del proyecto de vida.
d) En la cuarta fase, en la sesión de grupo.

**24. ¿Qué fase del proceso para la activación del proyecto de vida y el aporte de los apoyos tiene como objetivo disponer de los elementos materiales necesarios y contar con la participación de las personas implicadas?**

a) En la primera fase, convocar al equipo.
b) En la segunda fase, evaluación comprensiva.
c) En la tercera fase, preparación y planificación del proyecto de vida.
d) En la cuarta fase, en la sesión de grupo.

**25. Una mala práctica que se puede detectar en el proceso para la activación del proceso de vida es confundir la planificación del proyecto de vida con:**

a) La evaluación de las habilidades de la persona.
b) El ritmo propio de la persona.
c) Buscar únicamente información significativa del equipo multiprofesional.
d) La planificación individual clásica.

# Solución al test n.º 13

**1.** a) Hace referencia al conjunto de principios y reglas éticas que regulan y guían una actividad profesional.

**2.** b) El cuidador respetará la confidencialidad y guardará el secreto profesional en relación con aquella información, obtenida directa o indirectamente, sobre las personas a las que atiende. En aquellos casos en que por necesidad se haya de trasladar información entre profesionales o instituciones, se hará siempre preservando la intimidad de la persona y por el beneficio de esta.

**3.** d) Todas son correctas.

**4.** d) Tener paciencia y no intervenir sin antes darle la oportunidad de hacer las cosas por sí mismo.

**5.** d) Todas son correctas.

**6.** b) Personalización de la atención, dirigiéndose siempre a la persona con respeto, llamándola por su nombre y no tuteándole.

**7.** b) Se aprobó en una Conferencia General de la UNESCO.

**8.** d) Todas son correctas.

**9.** a) Estas personas deben gozar de especial protección en conformidad con la legislación.

**10.** c) Autodeterminación.

**11.** b) La identificación y reducción de síntomas.

**12.** c) La identificación y reducción de síntomas, el servicio, las prestaciones, etc.

**13.** d) Proyecto de vida.

**14.** c) La obtención de resultados de la puesta en práctica de una serie de acciones prefijadas.

**15.** a) Es atemporal.

**16.** b) Las metas.

**17.** d) Valores.

**18.** c) Apoyo a la discapacidad y sus limitaciones.

**19.** d) El desajuste entre la competencia personal de una persona con discapacidad y lo que el entorno le demanda.

**20.** b) Las necesidades personales.

**21.** c) Empoderar a la persona.

**22.** a) La historia de vida.

**23.** a) En la primera fase, convocar al equipo.

**24.** b) En la segunda fase, evaluación comprensiva.

**25.** d) La planificación individual clásica.

**Actuaciones del cuidador en caso de urgencia: crisis epilépticas, atragantamientos, quemaduras, traumatismos. Prevención de accidentes y primeros auxilios**

**1. Señale la respuesta correcta sobre la Crisis Convulsiva Tónico-Clónica o de Grand Mal:**

a) Estas crisis convulsivas se caracterizan por una pérdida súbita de la consciencia.
b) La primera fase se conoce como fase tónica y dura alrededor de un minuto.
c) Cuando la persona se está recuperando de una crisis, puede experimentar síntomas como dolor de cabeza, desorientación, somnolencia, náuseas, dolor muscular, o una combinación de estos síntomas.
d) Todas son correctas.

**2. Ante una crisis convulsiva es necesario:**

a) Si el paciente está de pie, ayudarle a tenderse y girarle hacia un lado.
b) Controlar, pero permitir todo tipo de movimiento convulsivo.
c) Si la crisis dura más de 10 minutos, requerir ayuda para proceder a control hospitalario.
d) Todas son correctas.

**3. La maniobra de Heimlinch es una técnica para:**

a) Desobstruir las vías aéreas superiores.
b) Hiperextender la cabeza.
c) Elevar la base de la cabeza.
d) Todas son correctas.

**4. La relación compresiones-respiraciones sean uno o dos reanimadores, será de:**

a) 5:1.
b) 15:2.
c) 5:2.
d) 10:1.

**5. Señala la actuación correcta en caso de quemadura:**

a) En el caso de quemaduras de 3.er grado, lo primero que hay que hacer es quitar las ropas que están adheridas a la piel.

b) Ante quemaduras por cáusticos, si son ácidos, hay que lavar con agua y vinagre.

c) En el caso de quemaduras de 1.er grado, el tratamiento es: lavado con agua fría abundante y alguna pomada anestésica.

d) Todas son correctas.

**6. Ante una contusión, el cuidado a administrar incluye:**

a) Inmovilizar la zona afectada y elevarla.

b) Aplicar calor local varias veces al día durante ½ hora.

c) Pinchar los hematomas.

d) Todas son correctas.

**7. Las heridas en las que predomina la profundidad sobre la extensión, se denominan:**

a) Contusas.

b) Punzantes.

c) Incisas.

d) En colgajo.

**8. Ante una herida grave, no es correcto:**

a) Asegurar el mantenimiento de las constantes vitales.

b) Cubrirla con apósitos, toallas o ropa limpia.

c) Extraer el cuerpo extraño si es que existe.

d) Todas son correctas.

**9. Ante una hemorragia en el miembro superior, el punto de compresión arterial será:**

a) Arteria cubital.

b) Arteria radial.

c) Arteria humeral.

d) Arteria femoral.

**10. Ante una hematemesis, la posición del paciente será:**

a) Trendelenburg.

b) Posición lateral de seguridad.

c) Decúbito supino.

d) Ninguna es correcta.

**11. ¿Qué grado de quemadura es aquel en el que se forman flictenas?**

a) 1.ᵉʳ grado.
b) 2.º grado.
c) 3.ᵉʳ grado.
d) 4.º grado.

**12. Ante la sospecha de cualquier fractura, señalar lo incorrecto:**

a) Movilizar para observar si hay crepitación.
b) Valorar el A, B, C.
c) Inmovilizar con algo duro la zona sospechosa de fractura.
d) Vigilar la circulación, sensibilidad, color y temperatura de la zona afectada.

**13. Ante una convulsión no es correcto:**

a) Colocar al paciente en posición lateral de seguridad.
b) Sujetarlo para evitar lesiones.
c) Trasladarlo al hospital tras la convulsión.
d) Todas son incorrectas.

**14. ¿En cuál de los siguientes casos de intoxicación no se debe inducir el vómito?**

a) Intoxicaciones por vía oral.
b) Ingestión de cáusticos.
c) Buen estado del nivel de conciencia.
d) Ninguna es correcta.

**15. Ante una intoxicación, el cuidador deberá recaba , entre otros, el siguiente dato:**

a) Hora de la intoxicación.
b) Existencia o no de vómito.
c) Naturaleza del tóxico.
d) Todas son correctas.

**16. ¿Ante cuál de los siguientes tóxicos no se debe inducir el vómito?**

a) Detergentes y jabones.
b) Perfumes y colonias.
c) Tranquilizantes.
d) Ante ninguno se debe inducir el vómito.

**17. Ante la presencia de un cuerpo extraño en el oído la actuación correcta es:**

a) Intentar extraer el cuerpo extraño.
b) Administrar algún medicamento en el oído para facilitar su extracción.

c) Traslado al centro sanitario en posición lateral sobre el oído afecto.
d) Todas son correctas.

**18. ¿En cuál de los siguientes casos de intoxicación no debe provocarse el vómito?**

a) Abrillantadores y ceras.
b) Alcanfor.
c) Barbitúricos.
d) Detergentes y jabones.

**19. La asfixia de origen mecánico puede deberse a:**

a) Ahorcamiento o estrangulación.
b) Sumersión.
c) Compresión torácica.
d) Todas son correctas.

**20. Una hemorragia en la que la sangre es eliminada por boca procedente de las vías respiratorias se denomina:**

a) Epistaxis.
b) Hematemesis.
c) Hemoptisis.
d) Rectorragias.

**21. En la edad escolar el tipo de accidente predominante son:**

a) Las intoxicaciones.
b) Las caídas.
c) Lesiones corporales.
d) Ahogamientos.

**22. ¿Qué intervalo de edad de los que se citan es el que más frecuentemente requiere de hospitalización tras sufrir un accidente?**

a) 1 - 3 años.
b) 3 - 6 años.
c) 6 - 12 años.
d) 12 - 18 años.

**23. Hasta los tres años de edad el lugar que potencialmente presenta un mayor riesgo de accidente es:**

a) La cocina y el cuarto de baño.
b) La habitación del bebé.

c) El comedor.
d) El aula de la escuela infantil.

**24. ¿Qué tipo de accidente predomina como causa de muerte accidental en toda la infancia?**

a) Automovilísticos.
b) Intoxicaciones.
c) Caídas.
d) Ahogamiento.

**25. ¿Cuál es la segunda causa de muerte en los niños de edades comprendidas entre 0 - 3 años?**

a) Intoxicaciones.
b) Quemaduras.
c) Ahogamiento.
d) Lesiones corporales.

**26. ¿A qué edad se debe comenzar con la medida preventiva "enseñarle a cruzar las calles"?**

a) Infancia temprana.
b) Edad preescolar.
c) Edad escolar.
d) Adolescencia.

**27. ¿A qué edad es conveniente colocar protectores en las ventanas o persianas?**

a) Infancia temprana.
b) Edad preescolar.
c) Edad escolar.
d) Adolescencia.

**28. Durante la infancia temprana la gran mayoría de los accidentes tienen lugar en:**

a) Guardería.
b) Calle.
c) Cocina.
d) Habitación.

**29. ¿A qué edad se debe comenzar con la medida preventiva "enseñar las normas básicas de seguridad vial"?**

a) Infancia temprana.
b) Edad preescolar.

c) Edad escolar.
d) Adolescencia.

**30. ¿Qué medida preventiva es fundamental en la prevención de accidentes en todas las edades?**

a) El orden en el hogar.
b) La vigilancia.
c) La prohibición de actividades que entrañen un riesgo de leve a moderado.
d) La sobreprotección.

**31. Los accidentes predominantes en la edad escolar se corresponden con:**

a) Las caídas.
b) Los accidentes de tráfico.
c) Las intoxicaciones.
d) Las quemaduras.

**32. La edad más frecuente de consulta hospitalaria urgente por accidente es:**

a) De 1 a 3 años.
b) 23 años.
c) De 6 a 12 años.
d) 6 años.

**33. ¿Cuál es la segunda causa de muerte en las niñas de edades comprendidas entre 0 - 3 años?**

a) Intoxicaciones.
b) Quemaduras.
c) Ahogamiento.
d) Lesiones corporales.

**34. Ante una emergencia sanitaria, el orden en que se deben valorar las funciones vitales es:**

a) Primero la consciencia, luego la respiración y después la circulación.
b) Primero la respiración, luego la circulación y finalmente la consciencia.
c) Primero la circulación, luego la conciencia y después la respiración.
d) Primero la consciencia, luego la circulación y finalmente la respiración.

**35. En un niño que está consciente, respira y tiene signos de circulación, son datos que sugieren gravedad todos los siguientes, excepto uno:**

a) La frialdad extrema de la piel.
b) El llanto fuerte.

c) La respiración muy acelerada o muy lenta.

d) La coloración azulada.

**36. Para comprobar si un lactante está consciente o inconsciente, se debe proceder a:**

a) Colocarle un termómetro y medir su temperatura.

b) Observar la coloración de su piel.

c) Gritarle, llamándolo, y estimularlo, con golpecitos o pellizcos en hombros, brazos o plantas de los pies.

d) Contar su número de respiraciones por minuto.

**37. Si se comprueba que un niño no responde (no se mueve, no llora, no habla, etc.) cuando se le estimula, lo que debe hacerse de inmediato es:**

a) Gritar solicitando ayuda a las personas de alrededor y, de inmediato, abrir la vía aérea.

b) Iniciar masaje cardíaco.

c) Salir corriendo en busca de ayuda.

d) Dejarlo descansar unos minutos.

**38. En las personas inconscientes debe abrirse la vía aérea. Para ello, generalmente se recurre a la maniobra:**

a) De Heimlich.

b) De Blumberg.

c) De Kernig.

d) Frente-mentón.

**39. La maniobra frente-mentón provoca la extensión del cuello; señale la respuesta más correcta:**

a) Dicha extensión debe ser moderada en niños pequeños.

b) La extensión debe ser neutra en los lactantes.

c) La extensión del cuello en los adultos debe ser máxima.

d) Todas las respuestas anteriores son ciertas.

**40. En la persona inconsciente, una vez abierta la vía aérea, se debe comprobar la respiración. Para hacerlo correctamente es apropiado recordar las palabras:**

a) Gritar y sacudir (estimular).

b) Buscar signos de vida.

c) Ver, oír y sentir.

d) Insuflar.

**41. Tanto para comprobar la respiración como para comprobar la circulación deben emplearse, como máximo:**

a) 1 minuto.
b) 6 segundos.
c) 10 segundos.
d) 15 segundos.

**42. Cuando se va a ventilar (es decir, a meter aire en la vía aérea) a un lactante, debe insuflarse aire en su:**

a) Boca.
b) Nariz.
c) Orejas.
d) Boca y nariz, simultáneamente.

**43. La relación compresiones-ventilación, en la edad pediátrica, es:**

a) 5:1.
b) 15:2.
c) 5:2.
d) 15:1.

**44. Cuando, por la causa que sea, acontece una hemorragia importante, la medida de Soporte Vital Básico a ejecutar es la:**

a) Aplicación de torniquete.
b) Compresión local.
c) Vacunación.
d) Aplicación de pomadas.

**45. Si un chico ha sufrido una breve pérdida de conciencia (desvanecimiento o desmayo), nunca debe hacerse algo de lo siguiente:**

a) Aflojar las ropas, especialmente a nivel de cuello y abdomen.
b) Impedir la aglomeración de personas a su alrededor.
c) Arroparlo en caso de que tenga frío.
d) Tratar de ponerlo de pie.

**46. En las personas diabéticos que sufren mareo, desvanecimiento, dolor de cabeza (cefalea), malestar general, escalofríos o inquietud, se debe:**

a) Dar azúcar, pues es probable que tenga hipoglucemia.
b) No dar nunca azúcar.

c) Ventilar boca a boca.
d) Dar masaje cardíaco.

**47. En una persona que ha vomitado, una vez superado el episodio, y para prevenir que, en caso de que se repita, el vómito pase a la vía aérea, la posición a adoptar es:**

a) Tendido boca abajo.
b) Incorporado o tendido de lado.
c) En cuclillas.
d) Tendido boca arriba con la cabeza más baja que los pies.

**48. Frente a los envenenamientos, lo más importante a hacer es:**

a) Prevenirlos.
b) Tranquilizarse.
c) Provocar siempre el vómito.
d) Facilitar la respiración de aire puro.

**49. Con respecto al ahogamiento o "casiahogamiento", señale lo falso:**

a) Es una causa frecuente de muerte accidental en los niños, especialmente en los grupos de 1-3 años y 8-12 años.
b) Si el niño está consciente y sin aparente problema, no es necesario vigilarlo ni solicitar valoración médica.
c) Debe cuidarse la columna cervical y, al mismo tiempo, evitar que, de aparecer vómito, éste pase a la vía aérea.
d) Siempre debe considerarse la posibilidad de que el chico sufra una hipotermia, por lo que se debe facilitar el calentamiento.

**50. Por lo que hace referencia al manejo inicial del niño que sufre la entrada de un cuerpo extraño en el ojo, señale lo falso:**

a) Debe evitarse que el crío se frote los ojos.
b) Si a pesar del lagrimeo, el cuerpo extraño no sale espontáneamente, se debe efectuar un lavado ocular con agua tibia.
c) Si con el lavado no se logra sacar el cuerpo extraño, puede tirarse suavemente del párpado y, si se ve, tratar de sacarlo con una torunda o mecha de algodón o con la punta de un pañuelo limpio.
d) Si el cuerpo extraño está introducido en el propio globo ocular, debe extraerse a toda costa.

# Solución al test n.º 14

**1.** d) Todas son correctas.

**2.** c) Si la crisis dura más de 10 minutos, requerir ayuda para proceder a control hospitalario.

**3.** a) Desobstruir las vías aéreas superiores.

**4.** b) 15:2.

**5.** c) En el caso de quemaduras de 1.er grado, el tratamiento es: lavado con agua fría abundante y alguna pomada anestésica.

**6.** a) Inmovilizar la zona afectada y elevarla.

**7.** b) Punzantes.

**8.** c) Extraer el cuerpo extraño si es que existe.

**9.** c) Arteria humeral.

**10.** b) Posición lateral de seguridad.

**11.** b) 2.º grado.

**12.** a) Movilizar para observar si hay crepitación.

**13.** b) Sujetarlo para evitar lesiones.

**14.** b) Ingestión de cáusticos.

**15.** d) Todas son correctas.

**16.** a) Detergentes y jabones.

**17.** c) Traslado al centro sanitario en posición lateral sobre el oído afecto.

**18.** d) Detergentes y jabones.

**19.** d) Todas son correctas.

**20.** c) Hemoptisis.

**21.** a) Las intoxicaciones.

**22.** a) 1 - 3 años.

**23.** a) La cocina y el cuarto de baño.

**24.** a) Automovilísticos.

**25.** c) Ahogamiento.

**26.** b) Edad preescolar.

**27.** b) Edad preescolar.

**28.** c) Cocina.

**29.** b) Edad preescolar.

**30.** b) La vigilancia.

**31.** c) Las intoxicaciones.

**32.** b) 23 años.

**33.** b) Quemaduras.

**34.** a) Primero la consciencia, luego la respiración y después la circulación.

**35.** b) El llanto fuerte.

**36.** c) Gritarle, llamándolo, y estimularlo, con golpecitos o pellizcos en hombros, brazos o plantas de los pies.

**37.** a) Gritar solicitando ayuda a las personas de alrededor y, de inmediato, abrir la vía aérea.

**38.** d) Frente-mentón.

**39.** d) Todas las respuestas anteriores son ciertas.

**40.** c) Ver, oír y sentir.

**41.** c) 10 segundos.

**42.** d) Boca y nariz, simultáneamente.

**43.** a) 5:1.

**44.** b) Compresión local.

**45.** d) Tratar de ponerlo de pie.

**46.** a) Dar azúcar, pues es probable que tenga hipoglucemia.

**47.** b) Incorporado o tendido de lado.

**48.** a) Prevenirlos.

**49.** b) Si el niño está consciente y sin aparente problema, no es necesario vigilarlo ni solicitar valoración médica.

**50.** d) Si el cuerpo extraño está introducido en el propio globo ocular, debe extraerse a toda costa.

# Cómo acceder al Curso

**Cuidador/a**
**Test del temario**

El uso de los códigos **es exclusivo de los compradores de los productos de Editorial MAD**. Cada producto posee un código único y de un solo uso. Es personal e intransferible y da acceso a servicios y contenidos adicionales. Editorial MAD se reserva el derecho de hacer cuantas comprobaciones sean necesarias para identificar al legítimo poseedor del código y dejar de dar servicio a quien haga uso fraudulento del mismo, además de emprender cuantas acciones legales estime oportunas según la legislación vigente.

Deberás acceder a:

mad.es/registro-campus

Si una vez aceptadas las condiciones de uso del Campus decides hacer uso del mismo, necesitarás del siguiente código de acceso junto con los códigos del resto de títulos que se exigen (si fuera el caso):

7VSB9ZTDGF